AS GRANDES DEPRESSÕES
(1873-1896 e 1929-1939)

Fundamentos econômicos, consequências
geopolíticas e lições para o presente

AS GRANDES DEPRESSÕES
(1873-1896 e 1929-1939)

AS GRANDES DEPRESSÕES
(1873-1896 e 1929-1939)

Fundamentos econômicos, consequências
geopolíticas e lições para o presente

Osvaldo Coggiola

Copyright © 2009 Osvaldo Coggiola

Edição: Joana Monteleone
Editora assistente: Marília Chaves
Assistente de produção: Fernanda Pedroni
Revisão: Laudízio Correia Parente Jr.
Projeto gráfico e capa: Pedro Henrique de Oliveira
Imagem da capa: *The "Crawlers"*. John Thomson, 1876.

Dados Internacionais de Catalogação na Publicação (CIP)
(Sindicato Nacional dos Editores de Livros, RJ, Brasil)

C625g

Coggiola, Osvaldo, 1950-
  As grandes depressões (1837-1896 e 1929-1939) : fundamentos econômicos, consequências geopolíticas e lições para o presente / Osvaldo Coggiola. - São Paulo : Alameda, 2009.
  212p.

Inclui bibliografia
ISBN 978-85-7939-005-0

1. Crise econômica - História. 2. Crises financeiras - História. 3. Ciclos econômicos. 4. Finanças internacionais. 5. História econômica. I. Título.

| 09-4502. | CDD: 338.542 |
| | CDU: 338.124.4 |

| 31.08.09 | 04.09.09 | 014838 |

[2009]
Todos os direitos dessa edição reservados à
ALAMEDA CASA EDITORIAL
Rua Conselheiro Carvalho, 694 - Bela Vista
CEP 01325-000 - São Paulo - SP
Tel. (11) 3012-2400
www.alamedaeditorial.com.br

Sumário

Prólogo   7

Considerações Iniciais   39

Século XIX: do auge à crise   71

A Crise de 1929 e a Segunda   133
"Grande Depressão"

Referências Bibliográficas   235

Prólogo

As crises são sempre soluções violentas das contradições existentes, erupções violentas que restabelecem momentaneamente o equilíbrio rompido.

K. Marx

(...) o crédito acelera as erupções violentas dessas contradições, as crises, e, em consequência, os elementos dissolventes do antigo modo de produção.

K. Marx

Para quem está preocupado em encontrar soluções concretas para os problemas gerados pela crise econômica mundial, o detalhado exame das duas grandes depressões do capitalismo, assunto do novo trabalho do professor Osvaldo Coggiola, pode parecer um exercício extemporâneo. E, no entanto, nada pode ser mais equivocado. É o resgate da perspectiva histórica que nos permite compreender os condicionantes estruturais por trás das grandes turbulências que de tempos em tempos abalam a sociedade capitalista. Este é o principal valor de "As 'Grandes Depressões' (1873-1896 e 1929-1939) – Fundamentos econômicos, conseqüências geopolíticas e lições para o presente". Ao resgatar a importância crucial do materialismo histórico como base metodológica para pensar o caráter *sui generis* do movimento histórico, Coggiola estabelece as bases para o entendimento da crise econômica geral como uma totalidade concreta, colocando em evidência a relação dialética entre os processos determinantes da crise econômica e os determinantes objetivos e subjetivos que condicionam a luta de classes.

É esta perspectiva metodológica que lhe permite compreender o vínculo entre as mudanças desencadeadas pela grande depressão de 1873-1896 e a transformação do capitalismo concorrencial em capitalismo monopolista, inaugurando uma nova etapa histórica: o imperialismo, o capitalismo em seu clímax, um padrão de desenvolvimento capitalista que amadurece as condições históricas para a revolução socialista. É esta abordagem que lhe possibilita estabelecer os nexos históricos entre a grande depressão de 1929-1939 e o pesadelo dantesco do nazismo, a tragédia da guerra e a formação das bases econômicas e sociais do Estado de Bem-Estar, elementos fundamentais para o entendimento de transformações que mais tarde, na segunda metade do século XX, acabariam por levar à cristalização dos Estados Unidos como potência absoluta da economia mundial e a consolidação de um padrão de acumulação ultraliberal - as duas características determinantes da etapa superior do imperialismo - o capitalismo de nosso tempo.

Neste prólogo, que tem por objetivo colocar em evidência a conjuntura dramática que levou Coggiola a retomar o exame das grandes depressões, procuraremos ressaltar alguns aspectos da crise em curso que nos leva à conclusão de que a humanidade enfrenta a terceira grande depressão da era capitalista.

Crise e Concorrência

Ao contrário do que apregoa a sabedoria convencional, que procura por todos os meios negar a gravidade dos problemas que abalam a economia mundial, são contundentes as evidências de que o sistema capitalista encontra-se imerso em uma depressão de grandes proporções. Os efeitos desestabilizadores da crise de crédito norte-americana desorganizaram as relações de produção e circulação que impulsionavam a valorização do capital em escala global, provocando uma crise econômica geral que atinge todas as economias do planeta. Não faltaram avisos de que a dominância irrestrita do capital financeiro redundaria numa grande catástrofe. As inúmeras crises que sacudiram a economia mundial nos últimos quinze anos – a mexicana, a asiática, a russa, a brasileira, a dot.com nos Estados Unidos e a argentina – deixavam patente a extrema fragilidade de um padrão de acumulação que estimulava a especulação financeira desenfreada, impulsionava a expansão ilimitada da capacidade produtiva, incentivava o consumismo desbragado e comprimia os salários dos trabalhadores. Ao levar ao limite o descolamento entre a acumulação fictícia e a acumulação produtiva, assim como a discrepância entre a ampliação das forças produtivas e o crescimento da capacidade de consumo da sociedade, a crise em andamento condensa e potencializa as contradições contidas e acumuladas nas turbulências financeiras e econômicas dos últimos anos.

A configuração de uma grave crise econômica que envolve todas as economias do mundo determina a abertura de um novo marco histórico. Interrompido o movimento expansivo de acumulação, a lógica do capital fica sob o império da lei do valor em tempos de crise. Ao deixar patente a existência de um excedente absoluto de capital sem condições objetivas de realimentar o circuito de valorização, a queima de riqueza torna-se um imperativo do metabolismo do capital. Uma vez instalada, torna-se uma realidade irreversível. Enquanto a abundância de capital excedente não for eliminada, as condições objetivas e subjetivas que determinam a unidade dos processos de produção, distribuição e circulação não serão recompostas e a lógica do capital manifestar-se-á de maneira invertida, como um processo violento de liquidação de valor. Na impossibilidade de socializar os benefícios advindos do desenvolvimento das forças produtivas, na forma de uma sistemática redução da jornada de trabalho e da subordinação da produção ao atendimento das necessidades dos trabalhadores, a destruição de riqueza impõe-se como único meio de restaurar as condições para a retomada do processo de acumulação.

A necessidade de eliminar capitais excedentes que não encontram bases reais para se valorizar, cristalizados na forma de forças produtivas, mercadorias e capital fictício, provoca uma radical inflexão no padrão de concorrência. A disputa entre as diferentes frações de capitais deixa de se pautar pela busca de uma maior participação relativa no mercado para se transformar em uma luta de vida ou morte pela própria sobrevivência. A crise instaura a guerra fratricida entre o capital novo e capital velho. A reprodução das relações sociais que fundam a sociedade burguesa passa a depender do sucateamento de forças produtivas, da aceleração do processo de concentração e centralização dos capitais e do aumento da taxa de exploração do trabalho. Nessas circunstâncias, o desenvolvimento capitalista aparece em sua plenitude como regressão econômica e catástrofe social. A relação de causalidade entre capitalismo e barbárie é levada a sua expressão máxima.

A virulência da crise manifesta-se em todas as dimensões da vida econômica. Além da pulverização de grandes massas de capital fictício, bancário, comercial e produtivo, o primeiro movimento da crise levou a uma brutal contração da atividade econômica e do comércio internacional, provocando uma meteórica expansão do desemprego.

As estatísticas do primeiro movimento da crise são impressionantes e refutam categoricamente as visões apologéticas que negam a gravidade da situação em que se encontra a economia mundial. A intensidade do processo de liquidação de capital fictício não tem precedente na história. Nas principais bolsas de valores do mundo, no final do primeiro semestre de 2009, as ações registravam desvalorização média de cerca de 40% em relação ao nível de abril de 2008, quando começa a inflexão do ciclo especulativo. Nas economias periféricas, a queda das bolsas de valores foi ainda mais intensa, alcançando aproximadamente 55%. A queima de ativos tóxicos, que alimentavam as pirâmides especulativas com títulos derivativos, alcançou valores inimagináveis, impossíveis, na verdade, de serem submetidos ao cálculo econômico. A desvalorização de capital bancário e produtivo também foi inusitada e fica manifesta no registro, no intervalo de poucos meses, de cinco das dez maiores falências da história corporativa norte-americana, fazendo desaparecer conglomerados financeiros e produtivos que pareciam inabaláveis, tais como o Lehman Brothers, o Washington Mutual, Thornburg Mortage, a General Motors e a Chrysler. Os efeitos sobre o nível de atividade foram imediatos, deixando patente a presença de uma gigantesca crise de superprodução.

Puxada por uma drástica contração da indústria, entre outubro de 2008 e março de 2009, a economia mundial sofreu uma diminuição superior a 6% em relação à igual período do ano anterior. Nesse intervalo, o comércio mundial registrou uma diminuição de quase um terço, num movimento sincronizado sem precedentes que atingiu todas as regiões do mundo. Os efeitos da crise sobre os trabalhadores foram devastadores. A Organização Internacional do Trabalho calcula que, apenas em 2008, o número de desempregados aumentou em quase nove milhões e que mais de 100 milhões de pessoas passaram a integrar o número de trabalhadores pobres, ou seja, pessoas que ganham uma renda insuficiente para manter a família (US$ 2 per capita por mês).

Em seu primeiro movimento, a velocidade, a profundidade e a abrangência da crise apresentaram um comportamento igual ou mais intenso do que o ocorrido na crise de 1929. Apesar da pronta atuação das autoridades econômicas reduzindo as taxas de juros e estimulando a demanda agregada, até o início de junho de 2009 a magnitude da trajetória de desvalorização das bolsas de valores superava por larga margem o verificado nos anos 1930's; o movimento de queda da produção industrial repetia praticamente o mesmo padrão verificado na Grande Depressão; e a tendência de contração do comércio internacional apresentava-se substancialmente mais intensa do que a ocorrida no processo que culminou com a desarticulação da divisão internacional do trabalho.[1] Ao contrário do que ocorreu na Grande Depressão, no entanto, o primeiro movimento da crise em andamento não resultou na desarticulação da ordem econômica mundial. Até o momento, o padrão de comércio e o sistema monetário internacional têm resistido incólumes às pressões desagregadoras desencadeadas pelas rivalidades nacionais que brotam do impacto diferenciado da crise econômica sobre as burguesias das diferentes regiões do globo.

Não obstante a operação ideológica para minimizar a profundidade da crise e alimentar a expectativa de uma rápida recuperação dos negócios, mesmo os organismos internacionais insuspeitos de qualquer compromisso com a crítica têm sido obrigados a reconhecer a gravidade da situação, revisando recorrentemente para baixo as previsões sobre o desempenho da economia mundial. A estimativa divulgada em maio pelo Banco Mundial, por exemplo, é que em 2009 o PIB mundial sofra uma redução de aproximadamente 3%, a renda per

---

1 Para detalhes, ver estudo de B. Eichengreen e O'Rourke, K.E., "A Tale of Two Depressions", 04/06/2009, in: http://www.voxeu.org/index.php?q=node/3421; e Araujo, S. e Martins, J.O., "The Great Synchronisation: Whata do high-frequency statistics tell us about the trade collapse", in: www.voxeu.org/index.php?q=node/3751.

capita mundial diminua em mais de 4% e o comércio internacional fique 10% abaixo do nível alcançado no ano anterior. No mesmo mês, a OIT previu que até o final do ano mais 50 milhões de trabalhadores devem perder o emprego e que o número de trabalhadores pobres aumentará em mais de 100 milhões, chegando a 1,4 bilhão de pessoas, quase metade de todos os ocupados no mundo.

Após décadas de avanço do processo de liberalização, as dinâmicas das economias nacionais e do comércio internacional tornaram-se fortemente sincronizadas. Enquanto os sustentáculos econômicos e institucionais da ordem global não forem abalados, as sinergias comerciais, produtivas e financeiras que condicionam a reprodução ampliada do capital em escala planetária funcionam, evidentemente, tanto no momento de expansão como no de contração do processo de acumulação. A formação de um verdadeiro mercado mundial, que integra todos os espaços do globo, é, portanto, absolutamente incompatível com a absurda tese do "desacoplamento" das economias "emergentes", levantada pelos organismos internacionais no início da crise e reverberada pelos acólitos da ordem global ainda hoje. Na realidade, como não poderia deixar de ser, a crise atingiu violentamente, ainda que de maneira diferenciada, todas as regiões do globo.

Em seu desdobramento inicial, as economias mais desenvolvidas estiveram no epicentro dos efeitos mais destrutivos da crise, registrando drástica contração do nível de atividade e aumento galopante do desemprego. A severidade da inflexão fica patente na abrupta reversão das expectativas dos empresários. No último trimestre de 2008 e no primeiro de 2009, o investimento privado – o dínamo do crescimento econômico – diminuiu em praticamente um terço nos Estados Unidos e em torno de um quinto na Alemanha e no Japão. Nesse período, os Estados Unidos fecharam mais de 500 mil postos de trabalho por mês enquanto a União Européia (AE16) e o Japão viram o número de desempregados aumentar no ritmo de aproximadamente 400 mil pessoas ao mês.

A crise geral atingiu a periferia pelos canais do comércio e das finanças. Como seria de se esperar, o maior impacto recaiu sobre as economias que apresentavam maior grau de integração comercial, produtiva e financeira com os países desenvolvidos, maior dependência da entrada de capitais externos e menor importância relativa do mercado interno na formação da demanda agregada. No primeiro movimento de propagação da crise, foram mais penalizadas as economias da Europa Oriental e do Sudeste Asiático – Rússia, Turquia Romênia, Hungria, países que compõem a Comunidade dos Estados Independentes, Coréia do Sul, Malásia e Tailândia.

A drástica redução das receitas cambiais oriundas do comércio internacional, a escalada das transferências de recursos financeiros ao exterior e a forte contração da entrada de capitais internacionais encerraram o efêmero ciclo de abundância na oferta de capitais internacionais para as economias periféricas. A fuga de capitais para a segurança e a escassez aguda de financiamento externo voltam a colocar no horizonte o espectro de crises dramáticas de estrangulamento cambial. A gravidade do problema pode ser aquilatada pela estimativa preliminar dos organismos internacionais de que, em 2009, as chamadas "economias em desenvolvimento" devem registrar um hiato de financiamento que pode superar US$$ 630 bilhões – montante pouco inferior à capacidade reforçada de financiamento do FMI. Dada a expressiva importância do crédito externo como fonte de financiamento interno das economias periféricas, a contração dos influxos de recursos externos tende a desdobrar-se em uma crise financeira e crise fiscal.

Ainda que sujeita fundamentalmente aos mesmos processos disruptivos – a escassez de crédito provocada pela aversão ao risco, o colapso da demanda internacional, a deterioração dos termos de troca e a drástica inflexão nos fluxos de capitais –, por uma serie de circunstâncias – menor vulnerabilidade do setor externo e menor vulnerabilidade do setor bancário aos efeitos imediatos do estouro da ciranda especulativa com derivativos – a maioria dos países latino-americanos conseguiu atravessar o primeiro movimento da crise sem processos desestabilizadores que levassem suas economias à prostração. Mesmo assim, os efeitos da nova conjuntura internacional foram contundentes, provocando, a partir de setembro de 2008, expressivas baixas nas bolsas de valores, fortes desvalorizações das moedas nacionais, quedas violentas nas exportações e redução abrupta dos investimentos privados. Encerrando seis anos de expansão ininterrupta, após décadas de estagnação, as economias latino-americanas, nas estimativas da CEPAL, devem registrar uma retração da renda per capita superior a 3% e o desemprego urbano da região deve sofrer um acréscimo de mais 4 milhões de pessoas, elevando em um quarto o estoque de desempregados no continente. Nos países mais integrados à economia norte-americana, a contração do nível de atividade será maior, podendo chegar, como no caso mexicano, a uma diminuição de quase 10% na renda per capita.

Em poucos meses, o desdobramento da crise demonstrou a absoluto despropósito da tese de que seria possível imaginar a possibilidade de economias periféricas pujantes em plena depressão das economias centrais. Não apenas os chamados mercados emergentes não estão desvinculados do cataclismo que se abateu sobre as economias mais desenvolvidas como, na realidade, os efeitos devastadores da crise sobre o elo fraco do capitalismo tendem a voltar como bumerangue sobre as economias centrais, realimentando a dinâmica destrutiva desencadeada pelo processo de desvalorização do capital. A persistirem a depressão do comércio internacional, a deterioração dos termos de troca, a retração dos fluxos de crédito, a paralisia dos investimentos diretos, a escalada de remessas de capitais do exterior, a fuga de capitais para a segurança, a diminuição da entrada de remessas de emigrantes, as dificuldades dos países periféricos intensificar-se-ão e generalizar-se-ão, podendo gerar uma segunda onda de instabilidade econômica e financeira global, aprofundando ainda mais a crise que paralisa a economia mundial.

Ainda que praticamente todos os organismos internacionais trabalhem com um receituário de política econômica baseado na hipótese de uma crise de curta duração, supondo que o desempenho da economia mundial reproduziria uma trajetória na forma de uma letra V, U ou W, em seus estudos os mesmos organismos internacionais reconhecem que não se pode descartar a possibilidade de que a crise se arraste por tempo indeterminado. Considerando a magnitude da massa de capital que precisa ser digerida para recompor as condições de rentabilidade dos investimentos e a extraordinária complexidade dos ajustes econômicos, sociais, políticos e geopolíticos que são necessários para restabelecer as bases para a recuperação da economia mundial, na verdade, o mais provável é que, como ocorreu nas duas grandes crises do capitalismo, a de 1873-1896 e a de 1929-1939 a temporalidade da crise seja de longa duração e que a evolução da economia mundial assuma a forma de uma letra L.

A administração da crise

A intensidade e a duração da depressão que abala a economia mundial serão determinadas pelo caráter das contradições acumuladas que lhe deram origem e pela capacidade que a sociedade tiver para digeri-las. O problema é essencialmente político, pois a recomposição da relação de unidade entre produção, distribuição e circulação em escala global requer mudanças de grande envergadura nas forças produtivas, na relação capital e trabalho, no caráter da concorrência entre os gigantescos monopólios que controlam a economia mundial, no padrão de intervenção do Estado na economia, na divisão internacional do trabalho, no equilíbrio geopolítico que define a hierarquia da ordem econômica mundial.

Repetindo basicamente a mesma estratégia de política econômica utilizada para debelar as crises cíclicas das últimas décadas, os governos das potencias imperialistas, Estados Unidos à frente, têm administrado os problemas gerados pelo debacle econômico e financeiro com medidas superficiais que atuam sobre os efeitos da crise, abafando as contradições e socializando os prejuízos, sem nenhuma preocupação em encaminhar soluções que representem uma via efetiva de superação dos obstáculos que bloqueiam a retomada do processo de acumulação de capital. Após um período relativamente longo, durante o qual o Estado assistiu inerte o avanço avassalador da crise sistêmica, finalmente, no último trimestre de 2008, a política econômica definiu uma linha tática para enfrentar as dificuldades que se arrastavam perigosamente desde 2007, organizando a sua intervenção em torno de três frentes de atuação: 1) evitar a todo custo o colapso espetacular do sistema financeiro; 2) estimular a demanda agregada para combater a depressão; e 3) impedir reações nacionais que possam colocar em risco as bases da ordem global, levando à fragmentação do sistema capitalista mundial.

Partindo da hipótese – equivocada – de que a crise de crédito e as dificuldades de caixa dos conglomerados financeiros originavam-se em desequilíbrios temporários de liquidez, quando, na realidade, o problema era de solvência, as autoridades mobilizaram-se para socorrer as instituições em dificuldades e reduzir as taxas de juros, na esperança de que a maior disponibilidade de moeda no sistema financeiro e o choque de confiança representado pela decisão do Estado de garantir os depósitos bancários e não permitir quebras de grandes instituições terminassem por restabelecer o fluxo de crédito para as empresas e restaurar os preços dos ativos que comprometiam a carteira das instituições financeiras.

Supondo – de maneira descabida – que a reversão nas expectativas dos agentes poderia ser revertida com um "choque de confiança", quando a tendência depressiva origina-se na presença de um estado de incerteza estrutural, provocado por uma monumental crise de superprodução, a política anticíclica encetada pelos governos dos países mais desenvolvidos combinou a ampliação moderada do gasto público com a criação de uma série de isenções fiscais para incentivar o aumento do consumo familiar e a retomada dos investimentos privados, na esperança de que, restaurando a patológica propensão a consumir dos últimos anos e elevando a rentabilidade dos investimentos privados, a demanda agregada voltaria a crescer.

Tendo como premissa o diagnóstico de que as dificuldades que desestabilizam os mercados globais eram temporárias (após ter ficado patente o despropósito da tese do "desacoplamento" dos chamados "mercados emergentes"), a defesa da ordem global traduziu-se em iniciativas que avançam basicamente em três direções: o esforço para estreitar os mecanismos de coordenação da política econômica dos países mais desenvolvidos; a ampliação dos recursos disponíveis para socorrer os países que enfrentarem crises no balanço de pagamentos; e manobras diplomáticas dissuasivas para impedir ações protecionistas unilaterais que pudessem comprometer o processo de liberalização.

Embora a intervenção do Estado tenha sido um elemento decisivo para evitar o colapso espetacular do sistema financeiro internacional e o estilhaçamento da ordem global, a política econômica não encaminhou nenhuma solução para os problemas estruturais que estão na raiz da crise econômica mundial. O capital excedente que precisa ser desvalorizado – fictício, bancário, industrial e comercial – mal começou a ser digerido e, em conseqüência, o fluxo crédito-gasto-renda, que dinamiza o circuito de valorização em escala global, está muito longe de ter sido restaurado. Na verdade, o sistema econômico mundial encontra-se em verdadeiro estado de coma. Não desfalece porque está, por assim dizer, "entubado na UTI", com todos os canais condicionantes dos fluxos de crédito e gasto dependendo diretamente da intervenção do Estado.

Mesmo com as taxas de juros norte-americanas e da União Européia em torno de zero por cento e com a injeção de gigantescas quantias de recursos públicos para socorrer os conglomerados financeiros em dificuldades, soma calculada pelo FMI, em abril de 2009, em torno de 9 trilhões (aproximadamente 2,5 vezes o PIB anual latino-americano), o sistema financeiro não saiu do estado de prostração. Os financiamentos ao setor privado continuaram restringidos e os indicadores de risco não pararam de se deteriorar, indicando que a crise de crédito não foi debelada e que os problemas de insolvência não foram dissipados. Os conglomerados financeiros não foram recapitalizados e os chamados "ativos tóxicos" não foram desvalorizados. Embora seja praticamente impossível calcular a magnitude do rombo que abala o sistema financeiro dos países desenvolvidos, pois parte do problema decorre de operações obscuras, alavancadas com derivativos que não eram registradas na contabilidade convencional, o tamanho do imbróglio pode ser aquilatado pela estimativa do FMI de que as necessidades financeiras correntes dos bancos são superiores a UU$ 30 trilhões –, o que equivale a metade do PIB mundial anual.

O nó górdio que bloqueia o saneamento do sistema financeiro reside na resistência patológica dos grandes conglomerados em aceitar a desvalorização de seus ativos podres, estimados pelo FMI em torno de US$ 4 trilhões, dos quais aproximadamente um terço já teria sido assumido como prejuízo. O problema requer o arbítrio do poder público. Trata-se, portanto, de uma questão política com sérias dimensões internacionais. Surpreendentemente, o fato foi reconhecido, ainda que de maneira elíptica, pelo próprio FMI, um dos principais guardiões dos interesses do capital financeiro internacional. Pela clareza em que o assunto foi exposto, vale a pena citá-lo. "A falta de segurança para uma solução sólida vincula-se ao reconhecimento das perdas. A incerteza na avaliação dos ativos tóxicos continua a crescer, afetando a viabilidade das instituições financeiras, inclusive daquelas que receberam ajuda governamental. Embora a falta de liquidez e sua complexa estrutura dificultem a tarefa de avaliar muitos dos ativos prejudicados, os governos deveriam criar metodologias capazes de avaliar de modo realista os instrumentos securitizados de crédito, baseadas em expectativas também realistas acerca de seus rendimentos futuros. Isto deveria ser realizado em todos os países, para evitar arbitragens regulatórias ou distorções competitivas"., (WEO, p. 39 abril 2009).

Ao ocultar a gravidade da sobreacumulação de capital fictício, a decisão de permitir às instituições financeiras contabilizar os ativos problemáticos pelo seu valor nominal e não pelo seu valor de mercado, pode diminuir temporariamente o *estresse* dos mercados financeiros, dando a impressão para muitos de que o pior da crise já passou, mas, evidentemente, a maquiagem dos balanços não contribui em nada para equacionar os severos desequilíbrios entre passivo e ativo que comprometem a saúde das instituições financeiras. Nesse contexto, ao contrário do que poderia parecer, a retomada do frenesi especulativo é um mal augúrio, pois antes de um sintoma de revitalização das condições que permitem restaurar as bases do processo de reprodução ampliada do capital, representa uma evidência da força dos grupos conservadores, comprometidos com o rentismo, que se recusam a aceitar a nova realidade e procuram por todos os meios mobilizar a sua força política junto ao Estado para preservar o *status quo*, na vã esperança de que seja possível restaurar as pirâmides especulativas que ruíram no final de 2008. A impotência do Estado para arbitrar o processo de desvalorização do capital – condição absolutamente indispensável para o saneamento do sistema financeiro – fica caracterizada nos dois postulados que presidem a atitude das autoridades em relação aos grandes conglomerados financeiros: "muito grande para quebrar" e "muito grande para ser reestruturado". Aos que acalentavam a esperança de uma mudança de atitude do governo Obama, convém lembrar a severa constatação de Joseph Stiglitz – um economista com fortes vínculos com o Partido Democrata. "O governo argumenta que todo o sistema iria à falência se fossem usadas, com os grandes bancos, as normas usais. Os mercados entrariam em pânico. Assim, não só não deveriam ser afetados os possuidores de bônus, mas tampouco os acionistas, ainda que o valor da maioria das suas ações seja apenas o reflexo de uma aposta no resgate governamental. Penso que o governo de Obama sucumbiu à chantagem e à pressão política dos grandes bancos. Por isso, o governo confundiu o resgate dos banqueiros e seus acionistas com o resgate dos bancos. Isto coloca outro problema dos bancos dos EUA: eles são demasiado poderosos, politicamente. Seu lobby funcionou e funciona, primeiro para desregulamentar, e depois para fazer pagar o saneamento (resgate) pelo contribuinte"., (The Guardian, 12/06/2009).

Embora os governos dos países que compõem o Fórum do G20, responsáveis por três quartos da produção mundial, tenham se mobilizado para realizar programas de gasto público estimados em US$ 700 bilhões (aproximadamente 1,1% do PIB mundial), a demanda agregada global continua severamente restringida. Quando comparado à gravidade da reversão das expectativas dos empresários e à magnitude da crise de desemprego que atinge os trabalhadores, o impacto das políticas anticíclicas foi mínimo. Tal fato deve-se tanto a sua reduzida dimensão – não chegou a metade do esforço recomendado pelo próprio FMI (que não peca pela falta de compromisso com a austeridade fiscal) - como a sua composição inadequada que retarda a entrada dos recursos na economia e que diminui seus efeitos multiplicadores de renda e emprego. Apenas algo em torno de 60% do gasto anunciado deve ser injetado na economia diretamente (na forma de um aumento nas despesas do setor público), ficando o restante 40% a ser introduzido indiretamente (na forma de uma elevação na renda disponível das famílias e nos lucros retidos das empresas).

Para além das oscilações de curto prazo, o problema de fundo, que não permite que se vislumbre uma rápida reversão das tendências recessivas, decorre do fato de que os capitais deixaram de reagir aos estímulos da baixa dos juros e aos esforços de recomposição da taxa esperada de lucro para se aferrar com unhas e dentes à defesa incondicional da riqueza velha. Os riscos de falência e a presença de uma gigantesca capacidade produtiva ociosa geraram um estado de incerteza estrutural que deprime as taxas esperadas de lucro e estimula a procura da moeda reserva de valor. Muito além da subjetividade dos agentes do capital, como acreditam todos aqueles que reduzem os problemas da economia a uma crise de confiança, na verdade, é a absoluta indefinição em relação às novas frentes de expansão do capitalismo, provocada pela explicitação de problemas monumentais de superprodução, que bloqueia a retomada dos investimentos. Nesse contexto, não se deve esperar uma solução rápida e indolor para o impasse da economia mundial. Dada a impotência para enfrentar os grandes problemas que travam o crescimento, o mais provável é que a crise se arraste por tempo indefinido, alternando momentos de pânico com momentos de relativo alivio, numa lenta digestão do capital fictício e produtivo sobreacumulado.

No que diz respeito à coordenação das políticas econômicas, o sucesso temporário das iniciativas tomadas para evitar a desarticulação da ordem global não afastou a possibilidade de eclosão de processos disruptivos que coloquem em risco os nexos comerciais, produtivos e financeiros que unificam o sistema capitalista mundial. Embora a construção do G20 como espaço informal de debate das medidas de combate à crise tenha sido um avanço em relação à absoluta desorientação dos primeiros meses, é gritante a discrepância entre as exigências da situação gerada pela forte depressão que se abate sobre a economia mundial e a precariedade dos mecanismos existentes de coordenação internacional da política econômica. O fato é reconhecido pelos próprios expoentes do *status quo*. O jornalista Wolfgan Munchau, do Financial Times, resumiu a questão nos seguintes termos: "Pela primeira vez, desde que a crise se manifestou, as lideranças globais foram alguns milímetros além do que se esperava. Mas a cimeira de Londres fracassou na sua tarefa precípua: não deu nenhum passo para resolver a crise global"., (Financial Times, 05/04/2009).

As providências adotadas para aumentar os recursos disponíveis para financiar problemas de desequilíbrio de pagamentos, que em seu conjunto significam uma ampliação na oferta de crédito emergencial de um pouco mais do que US$ 300 bilhões, também ficaram muito aquém do necessário para atender ao expressivo aumento que deve ocorrer na demanda por financiamento externo. O fato fica evidente quando se considera que, entre 2007 e 2009, a entrada de recursos privados diminuiu em mais de US$ 600 bilhões; quando se registra que apenas a América Latina apresentará um hiato de recursos externos em torno de US$ 350 bilhões; e quando se leva em conta que apenas o primeiro movimento da crise, o volume de financiamento emergencial do FMI foi de quase US$ 150 bilhões – 50% da oferta suplementar de recursos.

A manobra de cooptação dos países que fazem parte dos BRICs – Brasil, Rússia, Índia e China –, atraindo-os para o foro do G20 com um status diferenciado na ordem internacional, foi, sem dúvida, um movimento tático importante para evitar, num momento decisivo da crise, o aparecimento de qualquer tipo de iniciativa dissidente que pudesse representar um fator adicional de desestabilização da economia mundial. Mas, evidentemente, não alterou em nada as contradições estruturais que minam as bases de sustentação social da ordem global, derivadas da crescente incompatibilidade entre o movimento de destruição de riqueza provocado pela crise econômica e a necessidade de defender minimamente a economia popular. O problema fundamental reside na impossibilidade de impedir que o avanço da depressão econômica e a permanência da instabilidade financeira façam ressurgir, no centro e na periferia, fortes pressões nacionalistas por medidas protecionistas e neomercantilistas. A tendência a crescentes desequilíbrios no balanço de pagamentos das economias periféricas, o enfraquecimento do dólar como moeda internacional e os efeitos desestabilizadores da escalada da dívida pública sobre a estabilidade das moedas acirram as rivalidades entre as potências imperialistas; exacerbar os antagonismos entre as economias desenvolvidas e os chamados "mercados emergentes", sobretudo entre os Estados Unidos e a China; bem como aprofundam e aceleram o processo de reversão neocolonial dos países que fazem parte do elo fraco do capitalismo.

Em suma, a decisão de administrar a crise – ao invés de enfrentá-la – jogou a política econômica na armadilha da socialização permanente dos prejuízos do capital. No plano interno, assiste-se ao que István Mészáros chamou de "nacionalização da bancarrota".

No plano internacional, há um esforço redobrado para aprofundar a internacionalização da política econômica. Sob o mantra de que é indispensável restaurar a todo custo a confiança na ordem global, os países periféricos serão pressionados a ajustar suas economias, sob a batuta dos Estados Unidos, às exigências dos grandes conglomerados internacionais em tempos de crise. Neste contexto, não há espaço algum para políticas de inspiração keynesiana. O absoluto controle do capital monopolista sobre o aparelho de Estado – conseqüência e necessidade do processo de concentração e centralização do capital – não deixa margem para qualquer iniciativa destinada a atenuar os impactos mais negativos da crise sobre a economia popular. Na etapa superior do imperialismo, o Estado subordina-se integralmente à lógica do capital. A intervenção do Estado na economia perde totalmente suas propriedades curativas para se converter em causa adicional de agravamento da crise do capital.

Não é impossível que o esforço para "administrar" a crise, sancionando as pressões de socorro econômico e financeiro dos grandes grupos econômicos internacionais, evite o desmoronamento espetacular dos mercados, dando a muitos a impressão de que os problemas gerados pela paralisia da economia mundial poderão ser contornados sem maiores traumatismos. É a aposta de todos os segmentos comprometidos com a ordem global. No entanto, o mais provável é que, dada a impotência dos governos para enfrentar a origem do problema, a crise se arraste por tempo indefinido, alternando momentos de pânico com momentos de relativo alívio, numa lenta digestão do capital financeiro e produtivo sobreacumulado.

Crise, luta de classes e revolução

A ruptura da unidade das relações sociais, internacionais e transnacionais que sustentam o processo de reprodução ampliada do capital em escala global impõe a necessidades de profundas transformações em todas as dimensões da economia e da sociedade. As exigências do novo contexto histórico acirram a luta de classes, intensificando as contradições e os antagonismos entre a burguesia e proletariado. A disputa polariza-se em torno das vias de superação da crise. A **solução do capital** subordina tudo a um objetivo central: restaurar as condições para a retomada da acumulação. No seio da burguesia, as divergências dizem respeito ao modo de distribuir o ônus da crise entre os vários grupos capitalistas e à disputa em relação às novas frentes de expansão dos investimentos, consubstanciando-se, basicamente, em diferenças de interesses em relação à forma de conceber o papel do Estado na economia, ao modo de participar da economia mundial, bem como ao caminho que deve orientar a reorganização do processo produtivo e a reestruturação das relações entre o capital e o trabalho. A **solução proletária** organiza-se em torno da necessidade de resistir a todo custo ao avanço da barbárie e de aproveitar a fragilidade do regime burguês, para superar o capitalismo. A alternativa operária pressupõe que a pedagogia da crise propicie um salto na consciência da classe em relação à necessidade, à possibilidade e aos desafios da revolução socialista.

Os problemas que abalam a globalização dos negócios prenunciam o início de um período histórico conturbado, cujo desfecho é totalmente incerto. Sem uma alternativa concreta ao regime do capital, mais tempo menos tempo, com maior ou menor sacrifício, as condições para a retomada da acumulação serão restabelecidas e a economia capitalista reiniciará um novo ciclo expansivo de reprodução ampliada do capital. As tendências em andamento não são alvissareiras. Os dramáticos acontecimentos da primeira metade do século XX, que deixaram a humanidade à beira do abismo, mostram que, na era do capitalismo monopolista, as crises capitalistas provocam grande destruição e não deixam praticamente nenhuma margem de manobra para a possibilidade de soluções racionais e civilizadas para os problemas da humanidade. Não há nenhum motivo para imaginar que, no século XXI, o desfecho será diferente. Na ausência de forças capazes de deter a fúria especulativa e extorsiva do grande capital, a solução da crise pela linha de menor resistência – pela intensificação da exploração do trabalho e pela luta autofágica entre os grandes conglomerados multinacionais - tende a tornar o regime do capital ainda mais regressivo e predatório. Se continuar prevalecendo de maneira absoluta os interesses do grande capital, a crise econômica deve aprofundar e generalizar a barbárie capitalista, abrindo um período de grandes convulsões sociais e acirramento das rivalidades entre os Estados nacionais. Nos marcos da ordem burguesa, o futuro é sombrio.

Elo fraco do sistema capitalista mundial e zona de influência dos Estados Unidos, a América Latina será duramente pressionada a dar a sua contribuição na socialização dos prejuízos do grande capital. Como a crise impõe a eliminação do parque produtivo redundante, é de esperar uma aceleração e uma maior intensidade na tendência à desindustrialização e à especialização regressiva que têm caracterizado o ajuste estrutural das economias latino-americanas aos ditames da ordem global. Paradoxalmente, salvo as exceções conhecidas, que, com muitas ambigüidades, têm procurado alternativas aos ditames da ordem global, a crise internacional tem intensificado o poder do imperialismo na região. Na realidade, o profundo comprometimento da burguesia latino-americana com a burguesia dos países desenvolvidos funciona como um verdadeiro bloqueio político, institucional e mental que inviabiliza a formulação de respostas criativas à situação histórica. Sem proteção contra os efeitos desastrosos da crise, a América Latina encontra-se diante da ameaça de uma aceleração do processo de reversão neocolonial.

Resultado da própria expansão do capital, a crise revela o caráter historicamente determinado do modo de produção capitalista, pois, ao negar a base de existência do regime burguês – o trabalho vivo –, o processo de valorização do capital prepara as bases objetivas – a socialização das forças produtivas – e as bases subjetivas – a necessidade de reagir ao avanço da barbárie – para a transição socialista. Nesse sentido, as crises econômicas colocam a revolução socialista na ordem do dia. A solução operária passa pelo aproveitamento da brecha histórica aberta pela novo contexto que condiciona a luta de classes para organizar a revolução. Para evitar os impasses das revoluções operárias que ficam a meio caminho entre o capitalismo e o socialismo, a ruptura com o mundo do capital requer não apenas que se leve às últimas conseqüências a negação da propriedade privada, do trabalho assalariado e do Estado como aparelho de dominação – o tripé que sustenta o processo de valorização do capital – como também que se afirme um modo de produção alternativo – a produção planejada de valores de uso por indivíduos sociais livremente associados.

No entanto, a constatação de que o capitalismo precisa e pode ser substituído por outro modo de vida não basta para dotar a classe operária de uma linha de ação concreta para enfrentar o avanço da barbárie.

O programa que orienta a práxis revolucionária deve ser o produto de uma "análise concreta de uma situação concreta", sem o que não é possível propor soluções que estejam efetivamente inscritas na realidade. Daí a importância de compreender crise econômica geral como uma totalidade concreta. O trabalho de Coggiola deixa claro o procedimento a seguir. Na sua rica interpretação das grandes depressões do capitalismo, as soluções encontradas para a crise econômica foram definidas pelas vicissitudes da luta de classes e o movimento efetivo da luta de classes foi complexamente determinado pelas contradições específicas que determinaram a eclosão da crise econômica, pela forma concreta assumida pela autonomia da política nos momentos em que os automatismos do mercado entraram em colapso e a lei do valor passou a funcionar com sinal invertido, bem como pelos fatores objetivos e subjetivos que condicionaram a reação das classes sociais à violência desencadeada pelo processo de desvalorização do capital.

A interpretação do movimento concreto da crise e de suas implicações para o futuro da humanidade mal começou. No entanto, pela sua dimensão verdadeiramente ciclópica, tudo leva a crer que a humanidade assiste a segunda grande depressão do capitalismo monopolista - uma crise econômica geral de grande envergadura, que eclode no bojo de uma crise estrutural do próprio modo de produção capitalista, cujas raízes remontam à cristalização do imperialismo como etapa superior do capitalismo. Na origem deste processo de longa duração encontra-se a tendência decrescente da taxa de lucro que acirra de maneira irreconciliável as contradições entre o capital e o trabalho. Daí decorre a progressiva corrosão dos mecanismos orgânicos de controle do capital sobre o trabalho e a potenciação das características destrutivas do capital em todas as suas dimensões. Neste ponto, as contradições que bloqueiam a expansão do capital – o aumento descontrolado da produtividade do trabalho - colidem com os limites da própria existência humana. Ao potencializar todas as taras do capital, a crise econômica geral leva ao paroxismo os antagonismos e as contradições de um capitalismo senil que polariza a humanidade entre o socialismo e a barbárie, tornando a revolução socialista uma necessidade histórica inadiável.

Plínio de Arruda Sampaio Jr.,
Professor do Instituto de Economia da
Universidade Estadual de Campinas –
IE/UNICAMP.
Agosto de 2009.

Considerações iniciais

Com a economia mundial entrando numa fase prolongada de depressão, é fundamental voltar os olhos para as experiências das depressões passadas. As crises econômicas, uma recorrência do capitalismo, se transformaram em depressões *mundiais* de longo alcance em duas ocasiões principais. Em ambas, as decorrências não se limitaram ao plano econômico, pois produziram mudanças drásticas de ordem social, política, cultural, e no campo das relações internacionais.

De acordo com Marx, a própria crise do capitalismo só encontra sua expressão plena em escala *mundial*:

> As crises do mercado mundial devem ser concebidas como a concentração real e a compensação violenta de todas as contradições da economia burguesa. [A crise] é o violento restabelecimento da unidade entre [momentos] independentes e a violenta independentização de momentos que, essencialmente, são uma única coisa. Todas as contradições da produção burguesa atingem

coletivamente a explosão nas crises mundiais gerais; nas crises particulares (particulares segundo o conteúdo e a extensão), só de maneira dispersa, isolada, unilateral.[1]

---

[1] Na primeira exposição sistemática da sua teoria (o *Manifesto Comunista*, de 1848), Marx concedeu às crises econômicas um lugar central, como manifestação concentrada de toda a contraditoriedade do modo de produção capitalista: *A sociedade burguesa, com suas relações de produção e de troca, o regime burguês de propriedade, a sociedade burguesa moderna, que conjurou gigantescos meios de produção e de troca, assemelha-se ao feiticeiro que já não pode controlar os poderes infernais que invocou. Há dezenas de anos, a história da indústria e do comércio não é senão a revolta das modernas forças produtivas contra as relações de propriedade que condicionam a existência da burguesia e de seu domínio. Basta mencionar as crises comerciais que, repentindo-se periodicamente, ameaçam cada vez mais a existência da sociedade burguesa. Cada crise destrói regularmente não só uma grande massa de produtos fabricados, mas também uma grande parte das próprias forças produtivas já criadas. Uma epidemia, que em qualquer época teria parecido um paradoxo, desaba sobre a sociedade a epidemia da superprodução. A sociedade vê-se subitamente reconduzida a um estado de barbárie momentânea. O sistema burguês tornou-se demasiado estreito para conter as riquezas criadas em seu seio. E de que maneira consegue a burguesia vencer essas crises? De um lado, pela destruição violenta de grande quantidade de forças produtivas; de outro, pela conquista de novos mercados e pela exploração mais intensa dos antigos. A que leva isso? Ao preparo das crises*

A elucidação do estatuto teórico da crise na teoria econômica pressupõe, porém, uma abordagem histórica. As crises, por outro lado, põem em evidência todas as contradições acumuladas nos períodos do "desenvolvimento pacífico", e revelam o verdadeiro fundamento das ideologias dominantes (ou das "idéias dominantes de uma época, [como] idéias da classe dominante", na formulação marxiana d'*A Ideologia Alemã*); já para os antigos gregos, segundo Stern,

> as situações de crise não eram só pontos-chave nos processos de mudança, mas também momentos de verdade nos quais se elucidava o [verdadeiro] significado dos homens e dos acontecimentos.

As crises capitalistas

Com a apropriação, pelo capital, da esfera da produção (superando seu confinamento anterior à esfera comercial e financeira), um novo tipo de crise econômica surgiu no horizonte histórico. No período pré-capitalista, catástrofes naturais, como

---

mais extensas e mais destruidoras e à diminuição dos meios de evitá-las. A questão da superprodução já está indicada como motivo fundamental da crise de um regime que, em *O Capital*, seria definido como o da produção de valores, ou seja, como o da autovalorização do capital (que o capitalista se representa como a obtenção do lucro). A sobreprodução capitalista é, portanto, uma *sobreprodução de valor*.

geadas, enchentes, secas, pragas e epidemias, ou o envolvimento dos povos em guerras provocavam queda na produção, gerando escassez e privações generalizadas. Eram "crises de subprodução". A amplitude dos efeitos dessas crises, contudo, dependia do modo como estavam estruturadas as relações sociais, sendo tanto mais graves quanto mais desigual fosse a distribuição da produção social.

Exemplos clássicos de crises em sociedades mercantis simples, nas quais a produção de mercadorias destinadas à troca não dominava o conjunto da vida social, são as crises do Antigo Regime. As crises que assolaram os países europeus, nos séculos XVII e XVIII, eram localizadas, estando no geral diretamente relacionadas ao setor agrícola, daí irradiando-se para outros planos da estrutura sócioeconômica. A Revolução Francesa, como demonstrou Ernest Labrousse, esteve vinculada à grande crise que vitimou aquele país, no ano de 1789, desencadeada pelas más colheitas, o que gerou carestia alimentar, fome, desemprego nas manufaturas, queda na renda feudal e extorsão fiscal.

Entre a segunda metade do século XVIII e a primeira do XIX, os países manufatureiros europeus, em que dominava a indústria têxtil, França e Inglaterra especialmente, viram surgir "crises mistas", isto é, crises que combinavam subprodução agrícola com sobreprodução industrial. Elas se distinguiam das anteriores por não estarem inteiramente determinadas pela conjuntura agrícola, embora o "mercado dos cereais" ainda exercesse forte influência sobre os rumos e ritmos da atividade econômica como um todo, e da indústria ligeira de um modo particular. Alguns autores consideraram a crise de 1848 como sendo a última do gênero referido e a de mais graves consequências sociais e políticas. O próprio Marx, ao analisar a Revolução de 1848 na França, associou a deflagração do movimento à crise do comércio mundial em 1847 e à crise econômica que assolou aquele país nos anos imediatamente anteriores ao conflito, provocada pela recessão e agravada pelas más colheitas de 1845 e 1846. Outros estudiosos das crises na economia francesa do século XIX, mostraram persistir ainda uma ligação entre a alta dos preços do trigo e as dificuldades na venda de tecidos, durante a crise. Depois desta data, porém, segundo demonstraram, esse vínculo não mais existia e a crise têxtil passou a apresentar certa autonomia em relação à conjuntura agrícola.

O primeiro momento importante para a determinação teórica dos componentes das crises especificamente capitalistas veio com a Revolução Industrial que, com seus aspectos originais, introduzira alterações no capitalismo, tornando-o, de certa forma, inédito e imprevisto. Os primeiros a se ocuparem dessas crises foram os economistas clássicos, cujo campo de observação foi, especificamente, a Inglaterra e a França. Para a maioria deles, as primeiras crises industriais observadas apareciam como acidentes de natureza conjuntural no curso da acumulação de capital. Na obra de Adam Smith, por exemplo, não está presente o problema dos escoadouros necessários para que a produção se amplie. Smith não enfrenta o problema de como a procura se forma para enfrentar uma produção aumentada, consequência de uma ulterior acumulação de capital. Na sua concepção, todo o produto bruto anual é igual à soma dos salários, lucros e rendas. A poupança está destinada a transformar-se, no mesmo período (um ano) em que se forma, numa procura de bens de investimentos. Em soma, não há substração de renda a ser usada no futuro. Nessas condições, a sobreprodução não encontrava um lugar teórico específico.

Sob a perspectiva da economia política clássica, na "Lei de Say", o equilíbrio é o estado natural da economia. Haveria um equilíbrio natural (ou automático) entre produção e demanda, ou seja, a produção criaria sua própria demanda, sendo que qualquer desequilíbrio só poderia vir de fora do sistema, da mesma forma que, de acordo com a mecânica clássica, os corpos se encontrariam em equilíbrio (primeira lei de Newton) até que uma força exterior lhes demovesse deste estado. Mas o retorno à condição anterior aconteceria sem interferência de nenhuma força externa. Através do livre jogo do mercado, da concorrência enquanto mecanismo regulador da oferta e da demanda, naturalmente, o sistema teria capacidade de recuperar seu equilíbrio.

A "Lei de Say" só teria validade num sistema de oferta e demanda perfeito, sem a possibilidade de poupança individual por parte dos capitalistas. Entretanto, os efeitos mais notáveis das inovações técnicas foram o rebaixamento dos custos e o aumento do volume da produção, mas não necessariamente o aumento da taxa de lucros. Sendo o lucro considerado como a renda da classe dominante, os fatores que o propiciavam adquiriram relevância. Qualquer alteração nos lucros poderia exercer uma grande influência sobre os acontecimentos. Dentro desta perspectiva, o problema da taxa de lucro surgiu como o primeiro elemento teoricamente causador das crises modernas.

David Ricardo, representante dos interesses dos industriais em oposição aos proprietários rurais da Inglaterra durante a Revolução Industrial, tentou explicar o problema a partir de fatores externos ao sistema industrial, através da "lei dos rendimentos decrescentes": o lucro dependeria da proporção de trabalho social requerido para obter a subsistência dos trabalhadores (diferença entre os salários e o valor do produto) e do custo da produção dos produtos em geral. A taxa de lucro dependeria destas duas quantidades. Qualquer alteração no lucro só poderia ser feita alterando-se a proporção entre os salários e o valor do produto bruto.

Como as inovações técnicas rebaixaram os custos de produção, qualquer perturbação só poderia advir do aumento do custo dos gêneros de subsistência. Para aumentar os lucros era preciso rebaixar os salários, o que só poderia ser feito se os produtos de subsistência também fossem rebaixados (principalmente através das importações, o que feria o interesse dos proprietários de terra). Também sustentava que a produção cria por si mesma sua própria demanda, isto é, o valor total dos produtos deveria corresponder ao valor da renda distribuída, sendo, portanto, impossível qualquer desequilíbrio causado por fatores intrínsecos ao sistema capitalista. Não entendia a tendência decrescente na taxa de lucro como um fator capaz de provocar perturbações.

Além disso, a riqueza para ele consistia apenas em valores de uso, ou, segundo Marx,

> convertendo a produção burguesa em mera produção para o valor de uso (...) considera a forma específica da riqueza burguesa algo puramente formal que não atinge o conteúdo do modo de produção. Por isso nega também as contradições da produção burguesa, as quais se tornam gritantes nas crises.

A crise de 1816, considerada a primeira crise industrial, trouxe subsídios para a discussão dos postulados clássicos e para o avanço do conhecimento sobre esses fenômenos. Teve como centro o

Reino Unido, sendo causada pelo fim das guerras napoleônicas. Durante os conflitos, determinados ramos industriais, principalmente os ramos ligados à fabricação de material bélico e logístico (siderúrgico e têxtil), experimentaram um grande desenvolvimento. Mas com o fim das hostilidades e a consequente desmobilização, as empresas destes ramos passaram a não ter mais demanda assegurada. Por outro lado, os exportadores ingleses, que durante o período de conflitos haviam acumulado grande quantidade de produtos coloniais, encontraram após 1815 uma Europa empobrecida, incapaz de absorver os estoques.

Foi apenas o primeiro caso. Em 1816, 1825, 1836, 1847, a economia do país mais industrializado (a Inglaterra) e também a de outros que passavam pela revolução industrial, conheceu uma série de acidentes recorrentes, de periodicidade aproximadamente decenal. O novo era que não consistiam em penúrias, mas numa sobrecarga dos mercados, agravada por iliquidez monetária ou financeira. As mercadorias sobreabundavam, o dinheiro desaparecia ou era emprestado por um preço mais alto (juros). Em vez de uma alta de preços, as novas crises eram marcadas pela sua queda violenta. Na segunda metade do século XIX, crises industriais aconteceram nos países mais desenvolvidos, em 1857, 1865, 1873, 1882-84 e 1890-93. Não era a subprodução que afetava a atividade, mas a sobreprodução e o excesso de mercadorias industriais. Também na agricultura, já mecanizada, não havia penúria, mas excesso de produtos invendáveis, mas perecíveis.

A atenção começou a fixar-se nas crises. Com a industrialização inglesa estabeleceu-se a distinção entre empregados e desempregados. O desemprego cíclico já havia golpeado a Inglaterra no século XVIII, mas só no século seguinte tomou-se consciência do fato, chamando-o de "ciclo econômico". Na fase de ascensão, todos os elementos da conjuntura se expandem: produção, emprego, salários, lucros e preços. O desemprego não ultrapassava 1-2%, esta fase durava 4-5 anos. Logo depois, a situação se estabilizava, e todas as variáveis entravam em declínio. Essa fase durava 3-4 anos: produção, emprego, rendas e preços caíam; o desemprego atingia taxas de 8-10%.

Se durante certo período as crises apareciam como fenômenos anormais e inexplicáveis, a concepção cíclica as integrava em um movimento pendular que afetava os ritmos econômicos. A crise passava a ser "normal", integrada ao ciclo: era este que devia ser estudado, sob a forma do *trade cycle* ou *business cycle*. Sismondi e Malthus foram os primeiros a notar as crises como algo mais que um fenômeno conjuntural, mas como um fenômeno ligado à natureza do capitalismo. Sismondi percebeu, sobretudo, a contradição fundamental do capitalismo, entre o valor de uso e o valor de troca: a crescente acumulação.

restringe cada vez mais o mercado interno, em virtude da concentração das riquezas nas mãos de um pequeno número de proprietários, e a indústria é cada vez mais forçada a procurar saída para seus produtos nos mercados estrangeiros, onde os aguardam perturbações ainda maiores.

Nos primórdios do industrialismo, num quadro ainda marcado pelas crises de escassez, o primeiro catedrático em economia política da Inglaterra, Thomas Malthus, defendeu que a produção crescente não criaria automaticamente sua própria demanda, sustentando que a classe trabalhadora seria sempre excessiva com relação aos meios de subsistência. Em *An Essay on the Principle of Population*, de 1798, Malthus postulou que a população tendia a crescer mais rapidamente que o suprimento de alimentos disponível para atender as suas necessidades. Toda vez que ocorressem ganhos relativos na produção de alimentos, um alto crescimento proporcional da população seria estimulado; por outro lado, se a população crescesse mais rapidamente do que a produção de alimentos, este crescimento resultaria em fome, dificuldades sociais e guerra. Malthus exacerbou o lastro pessimista dos economistas clássicos, sustentando que a população crescia segundo uma progressão geométrica e os meios de subsistência segundo uma progressão aritmética.

Os salários da classe trabalhadora não poderiam adquirir a produção adicional resultante de um processo de acumulação crescente. Os capitalistas, por causa da população sem meios para consumir, teriam de vender os produtos aos trabalhadores a preços que seriam apenas suficientes para sua própria sobrevivência, o que levaria a uma situação de desproporção entre a oferta e a demanda. A forma de se evitar esta desproporção, segundo Malthus, seria estimular o aumento do consumo dos segmentos localizados fora do processo produtivo industrial, como os proprietários de terra, por exemplo, através da distribuição, por diversos meios, da riqueza dos capitalistas.

Marx testemunhou diretamente a crise de 1846-1848: predominantemente agrária, seu epicentro se localizou nas dificuldades que a agricultura europeia atravessou a partir de 1844, tendo início com a cultura de batatas na Irlanda e Inglaterra, arruinada pelas pragas, seguida de dois anos de péssimas colheitas de cereais, fazendo subir os preços dos gêneros de subsistência, e refletindo numa queda brutal dos preços dos tecidos. Os preços dos gêneros alimentícios se elevaram, o que fez com que as classes populares despendessem uma parte cada vez maior de sua renda com despesas de alimentação, o que causou convulsões sociais por toda a Europa.

As primeiras tentativas de explicação para a ocorrência de crises e depressões profundas e periódicas nas modernas sociedades industriais vieram da escola clássica, fundadora da economia política. Os primeiros teóricos da economia política a transformaram de ramo da arte do governo (como era para os mercantilistas e fisiocratas) em disciplina que indagava a coerência profunda de sistemas lógicos abstratos. Smith e Ricardo foram os primeiros que colocaram as hipóteses que, ao reduzir o sistema a elementos simples, permitiram submetê-lo à análise lógica. A economia clássica baseava-se em parte nas ideias dos fisiocratas franceses para os que, por sua própria natureza, a economia funcionava perfeitamente bem. O mercado tendia naturalmente ao equilíbrio, desde que nada de estranho viesse perturbar a ordem natural das coisas.

De acordo com esse raciocínio, as crises eram consideradas acidentes conjunturais, que se passavam no curso do fenômeno essencial: a acumulação de capital pelos capitalistas ou o aumento da riqueza nacional. Suas investigações recaíram fundamentalmente sobre as causas ou fatores que estimulavam ou, do contrário, dificultavam a acumulação. A busca do lucro máximo fazia a economia crescer e expandir-se por meio do reinvestimento. Além disso, o lucro era considerado premissa para a melhora das condições de vida por meio do crescimento da produção e da produtividade, servindo, portanto, a toda a coletividade. O mercado da livre concorrência, segundo pensavam, deveria manter os interesses individuais em equilíbrio por intermédio da troca de valores equivalentes, a qual era determinada pela quantidade de trabalho contida nas mercadorias.

Contudo, nas primeiras décadas do século XIX, as perspectivas econômicas mostravam-se sombrias, e isso tanto para os economistas como para os homens de negócios. Embora nas fases iniciais da era industrial, aproximadamente entre 1780 e 1815, as novas atividades não exigissem investimentos de capital muito vultosos, os produtores de algodão e os industriais incipientes encontravam dificuldades para reinvestir e promover o progresso social. Aquelas classes ou setores que possuíam condições de investir — os grandes proprietários de terra, os grupos mercantis e financeiros — não se interessavam por fazê-lo. Assim, os investimentos tinham por pressuposto a manutenção dos salários num patamar extremamente baixo e a redução das taxas de lucro. De fato, logo após o término das guerras napoleônicas, os lucros da atividade algodoeira na Inglaterra caíram a um nível tal, que parecia justificar o temor dos economistas de que a sociedade poderia chegar a um "estado estacionário".

O pessimismo marcava o pensamento dos economistas clássicos. Para Ricardo — que publicou os *Princípios de Economia Política e de Tributação* em 1817 — a produtividade decrescente do cultivo da terra associada ao crescimento da população elevava de uma só vez os custos e os preços dos alimentos, conduzindo a uma correspondente elevação dos salários em termos monetários, e dificultando ou impedindo a liquidez de capital. Em outras palavras, a tendência ao desnivelamento entre os rendimentos do trabalho industrial e do agrícola causaria elevação dos salários e a diminuição dos lucros. A renda da terra seria favorecida, e consequentemente os proprietários de terra, em detrimento da acumulação de capital. Malthus, por sua vez, exacerbou o lastro pessimista dos clássicos, mostrando que a população crescia a uma progressão geométrica e os meios de subsistência segundo uma progressão aritmética. Considerado como "heterodoxo", para ele não havia equilíbrio automático, e a "lei de mercado" de Say era um mito.

Marx e a crise

Para Marx, os estudiosos ingleses demonstravam profunda intuição em relação ao desenvolvimento da produção capitalista, ao perceberem na queda do lucro um entrave à acumulação. A compreensão da realidade social por eles esboçada, contudo, estava limitada não só pelas condições históricas, como pelo fato de seus principais representantes se posicionarem favoráveis à expansão da economia burguesa. A produção social possuía ainda um caráter marcadamente agrário, sendo igualmente de grande importância econômica o comércio ultramarino. O capitalismo não havia desenvolvido sua forma econômica plena, caracterizada pela produção industrial em larga escala e pela luta de classe cada vez mais acentuada entre capitalistas e trabalhadores. Assim, apesar de dedicarem atenção ao antagonismo dos interesses de classe, como o fez conscientemente Ricardo, percebiam no conflito de interesse entre capitalistas e proprietários de terra a contradição central da economia capitalista. Os antagonismos de classe — como também a divisão do trabalho, as classes sociais, o mercado e a acumulação — eram vistos como uma lei natural da sociedade, não sujeitos a determinações históricas.

A expansão do capital, com o acirramento do conflito entre o capital e o trabalho, deu origem aosapologetas da economia burguesa,[2] mas fez também surgir os críticos ou reformadores do

---

2 A teoria do valor-trabalho, desenvolvida pelos economistas clássicos, e que havia servido de arma para a burguesia contra antigos privilégios da nobreza e do clero, foi abandonada. Uma série de teorias foi surgindo, destacando-se a teoria dos custos de produção e a da utilidade marginal. A lei do valor-trabalho não possuía interesse prático algum para a burguesia vitoriosa. Sua atenção voltava-se inteiramente para o mercado. A produção não os preocupava enquanto objeto de conhecimento teórico, mas sim os preços estabelecidos pela livre concorrência, pelo jogo entre a oferta e a procura. O problema das *crises* não se colocava, uma vez que toda e qualquer oscilação na economia era atribuída a um desequilíbrio passageiro do mercado, provocado quase sempre por fatores externos ou subjetivos.

sistema e seus radicais opositores. Ainda nas décadas iniciais do século XIX, quando persistiam as crises de superprodução para as quais a teoria clássica não tinha respostas satisfatórias, Sismondi foi um dos primeiros economistas a perceber no novo tipo de crise — a industrial —, um fenômeno ligado à natureza do sistema econômico capitalista. Nos *Novos Princípios de Economia Política*, de 1819, afastava-se dos clássicos, que a viam como fenômeno conjuntural, e criticava abertamente o *laissez-faire* e a lei de Say, segundo a qual a produção criava seu próprio consumo.

Para Sismondi, a anarquia da produção e a busca desenfreada de valores de troca, sem levar em conta as necessidades sociais, era o que provocava as crises de superprodução. Em outras palavras, o poder de consumir não crescia necessariamente com o aumento da produção. O consumo dependia do modo de distribuição da renda entre as classes sociais. O subconsumo era, na verdade, causa das crises modernas do capitalismo. O problema do excedente de produção não foi esclarecido por esses autores. Deram, entretanto, grande contribuição ao estudo das crises modernas ao apontarem o caráter aleatório do equilíbrio, numa economia dinâmica e em crescimento, em que a repartição da renda não era coordenada com o crescimento da produção nem com a composição da mesma.

Marx deslocou o foco da interpretação dos economistas clássicos da esfera do consumo (a economia política clássica entendia a produção só como criação de *valores de uso*), para a esfera das condições de investimento e produção (criação de *valores*). No volume III d'*O Capital* afirmaria que

> o volume das massas de mercadorias produzidas pela produção capitalista é estabelecido pela escala dessa produção e pelo imperativo da expansão contínua dela, e não por uma órbita predeterminada da oferta e da procura, das necessidades a satisfazer.

Com isso, Marx rompeu com a noção de equilíbrio econômico estático resultante da Lei de Say, que tornava impossível as crises de caráter endógeno, e principalmente as de superprodução, para ele a forma natural das crises capitalistas.[3] Não

---

3 Vulgarmente se considera a existência de duas teorias da crise. A primeira delas atribui ênfase à limitação da procura efetiva (rigidez da massa salarial resultante da exploração econômica dos assalariados). A segunda encontra a maior causa da crise na existência de uma propensão à superprodução, propensão essa que reflete a luta entre produtores que se opõem à tendência de baixa da taxa de lucro, procurando ganhar nas quantidades vendidas o que perdem por unidade: de onde decorre a hipertrofia do aparelho de produção e decorre também a superabundância de mercadorias. Marx já tinha resolvido este problema. Para ele, é mera tautologia dizer que as crises decorrem da carência de consumo solvente ou de consumidores capazes de pagar: "O sistema

só isso, Marx também estabeleceu a vinculação da crise econômica com a revolução política ou, nas palavras de Engels (na sua introdução à reedição de *As lutas de classes na França*, em 1895):

> Marx extraiu, com toda clareza, dos próprios fatos, o que até então não fizera senão deduzir, semi-aprioristicamente, de materiais insuficientes, isto é, que a crise do comércio mundial, ocorrida em 1847,

---

capitalista não conhece outra espécie de consumo além do solvente, excetuando os casos do indigente e do gatuno. Ficarem as mercadorias invendáveis significa apenas que não encontraram compradores capazes de pagar, isto é, consumidores. Mas se, para dar a essa tautologia aparência de justificação mais profunda, se diz que a classe trabalhadora recebe parte demasiadamente pequena do próprio produto, e que o mal seria remediado logo que recebesse parte maior, com aumento de salários - bastará então observar que as crises são sempre preparadas, justamente, por um período em que os salários geralmente sobem e a classe trabalhadora tem de maneira efetiva participação maior na fração do produto destinada a consumo. Esse período, do ponto de vista destes cavalheiros do simples bom-senso, teria, ao contrário, de afastar as crises. A produção capitalista patenteia-se, portanto, independente da boa ou má vontade dos homens, implicando condições que permitem aquela relativa prosperidade da classe trabalhadora apenas momentaneamente e como sinal prenunciador de uma crise".

fora a verdadeira mãe das revoluções de fevereiro e de março.[4]

Em 1842 começara a abrandar a depressão que desde 1837 pesava sobre a indústria inglesa. A procura externa de produtos industriais ingleses aumentou ainda mais nos dois anos seguintes. O período 1845-1848 marcou, na Inglaterra, a fase de maior prosperidade. Em 1843, a guerra do ópio abrira a China ao comércio inglês. O novo mercado constituiu novo pretexto para a expansão – que já chegara ao auge – da indústria, particularmente da têxtil algodoeira. "Jamais poderíamos produzir em excesso: temos 300 milhões de seres humanos para vestir" – dizia então a Marx um fabricante de Manchester (relatado n´O *Capital*).

---

4 Marx, embora com poucos materiais estatísticos, vinculou as explosões revolucionárias de 1848 à crise do comércio mundial em 1847; por sua vez a consolidação dos regimes conservadores pós-1850 foi atribuída ao fim dessa crise: "Sob esta prosperidade geral, em que as forças produtivas da sociedade burguesa se desenvolvem [tão] exuberantemente que podem se desenvolver dentro das condições burguesas, não se pode nem falar de uma verdadeira revolução. Semelhante revolução só pode dar-se naqueles períodos em que estes dois fatores, as modernas forças produtivas e as formas burguesas de produção, incorrem em mútua contradição.(...). Uma nova revolução só é possível como consequência de uma nova crise. Mas é tão segura quanto esta".

O desmoronamento começou com a má colheita de 1846. A Inglaterra e a Irlanda precisavam importar enormes quantidades de víveres, principalmente trigo e batatas. Mas, era ínfima a proporção em que os países fornecedores poderiam ser pagos em produtos ingleses; era necessário pagar com metais preciosos, e pelo menos 9 milhões de libras em ouro foram remetidos da "fábrica do mundo" para o exterior. Desse ouro, mais de 7 milhões saíram das reservas do Banco da Inglaterra; a capacidade dessa instituição ficou sensivelmente tolhida no mercado financeiro; os demais bancos, com suas reservas no Banco da Inglaterra confundidas de fato com as dele, tinham igualmente de reduzir os empréstimos. Além disso, a Inglaterra era também a principal importadora mundial, nesse momento principalmente de produtos europeus (os "produtos coloniais" só ganhariam importância numa fase ulterior). Pela via financeira, a crise de subprodução agrícola da Grã-Bretanha se transmitiu como um raio para a Europa continental.

A crise de 1848, a primeira a influenciar "ao vivo" os trabalhos de Marx e Engels foi, sob certo ângulo, a última, e talvez a pior, catástrofe econômica do Antigo Regime. Entretanto nela se encontravam presentes simultaneamente elementos do moderno capitalismo, causando a onda revolucionária que abalou o continente em 1848, morrendo logo após. A crise seguinte aconteceu em 1857 e estava ligada ao incremento de maciças quantidades de ouro em circulação nos mercados mundiais, elevada em cerca de um terço entre 1848 e 1856, devido à descoberta de jazidas deste mineral na Califórnia e Austrália. As taxas de juros sofreram forte queda, condicionando o movimento internacional de capitais e mercadorias. A crise teve início nos Estados Unidos, que haviam recebido grande quantidade de população imigrante e grande quantidade de capitais utilizados na especulação de terras e ferrovias. O primeiro sintoma da crise apareceu com a falência, em julho de 1857, do banco *The Ohio Life Insurance and Trust Company*, empenhado na especulação ferroviária, causando um pânico financeiro nas bolsas americanas, que se espalhou pelas bolsas de valores da Europa, afetando as indústrias têxteis e siderúrgicas e causando desemprego. Em 1859 seus efeitos se reduziram, o aumento do desemprego parou, e os preços começaram a se elevar novamente.

Em função dos acontecimentos de 1848, esta crise foi acompanhada com grande interesse por Marx e Engels. De acordo com Eric Hobsbawn,

> a revolução europeia, tão próxima no grande ano de esperança e desapontamento, desapareceu de vista. Marx e Engels tinham depositado esperanças no seu reaparecimento nos anos imediatamente subsequentes. Eles olharam seriamente para uma nova explosão geral em sequência à (e em consequência da) depressão

global econômica de 1857. Quando isto não aconteceu, eles não a esperaram mais em um futuro previsível.

As crises capitalistas eram tendencialmente *mundiais*. O *locus* histórico da crise era o mercado mundial,[5] como base da existência do capitalismo,

---

5   Em sua forma mais desenvolvida, as crises do mercado mundial devem ser concebidas como a condensação real e o violento nivelamento de todas as contradições da economia burguesa. Os aspectos distintos que se condensam nestas crises deverão, portanto, manifestar-se e desenvolver-se em todas as esferas da economia burguesa, e, quanto mais nos aprofundemos nela, mais teremos que investigar, por um lado, novos aspectos desta contradição e, por outro, manifestar as suas formas mais abstratas como formas que reaparecem e estão contidas em outras mais concretas. As diversas mobilidades da crise, para Marx, respondiam a um padrão comum: "Onde o processo de reprodução se estanca e o processo de trabalho se restringe ou, em parte, se paralisa, destrói-se um capital efetivo. O maquinário que não se emprega não é capital. O trabalho que não se explora equivale a uma produção perdida. As matérias-primas que ficam inúteis não são capital. Os valores de uso (assim como o maquinário recém-construído) que não são empregados ou que ficam por terminar, as mercadorias que apodrecem nos armazéns: tudo isso é destruição de capital, e se traduz num estancamento do processo de reprodução e no fato de que os meios de produção não entram em jogo com este caráter. Tanto seu valor de uso como seu valor de troca, portanto, se perdem. Em segundo lugar, existe destruição de capital, nas crises, pela depreciação de massas

embora o tenha precedido historicamente. A lógica do capital é o desenvolvimento dialético (contraditório) da sua gênese histórica. Para Marx:

> Não há dúvida que as grandes revoluções do século XVI e XVII, assim como as descobertas geográficas e suas consequências no comércio e no desenvolvimento do capital mercantil, constituem um fator que acelerou a passagem do modo de produção feudal ao capitalista... A base deste último é o próprio mercado mundial. Por outro lado, a necessidade imanente do capitalismo de produzir numa escala cada vez maior incita uma extensão permanente do mercado mundial, de maneira que não é mais o comércio que revoluciona a indústria, mas o contrário.

A análise profunda das crises veio a ser feita em *O Capital*: o próprio caráter capitalista da produção engendra crises. Elas já estão potencializadas antes da existência da formação social capitalista, na circulação simples de mercadorias (M-D-M, ou

---

de valor, que as impede de voltar a renovar, mais tarde, na mesma escala, seu processo de reprodução como capital. É a queda ruinosa dos preços das mercadorias. Não se destroem valores de uso. O que perdem alguns, ganham outros. Mas, consideradas como massa de valor que atuam como capitais, veem-se impossibilitados de se renovar nas mesmas mãos como capital. Os antigos capitalistas se arruínam".

mercadoria-dinheiro-mercadoria). Na crise, uma parte das forças produtivas é destruída e, de forma violenta, recompõe-se na unidade perdida entre a produção material (processo de trabalho) e o seu caráter capitalista (processo de valorização). A definição mais geral da crise na sociedade capitalista (como forma desenvolvida e qualitativamente diferenciada da sociedade mercantil) é que ela consiste *na recomposição violenta da unidade entre processo de trabalho e processo de valorização, ou entre a produção e a circulação (da mais-valia), separadas contraditoriamente e reunificadas pela própria lei de movimento econômico do capital.* A estrutura lógica das crises foi definida por Marx desde sua forma mais simples, vinculada aos aspectos mais elementares do modo de produção capitalista que o antecedem historicamente (por exemplo, a forma mercadoria e a forma dinheiro) até as crises «desenvolvidas», vinculadas à lei de tendência à queda da taxa de lucro. Cabe fazer uma distinção entre crise potencial e crise real do capital:

> A possibilidade geral das crises é a própria metamorfose formal do capital, a separação, no tempo e no espaço, da compra e da venda. Mas isso não é, nunca, uma causa das crises. Não é, com efeito, mais que a forma mais geral das crises; consequentemente, a crise em sua expressão mais geral.

Marx colocou o problema da seguinte forma:

A produção em massa só pode ter por comprador imediato, além de outro capitalista industrial, o comerciante por atacado. Até certo ponto, pode dar-se o processo de reprodução na mesma escala ou em escala ampliada, embora as mercadorias dele oriundas não entrem realmente no consumo individual ou produtivo. O consumo das mercadorias não está incluído no ciclo do capital do qual sai. (...) Do ponto de vista do produtor capitalista, tudo segue o seu curso normal desde que se venda o produto. Não se interrompe o ciclo do valor-capital que ele representa. Se esse processo é ampliado, o que implica em consumo ampliado nos meios de produção, pode acompanhar essa reprodução do capital maior consumo (de natureza individual), e consequentemente procura, da parte dos trabalhadores, uma vez que o consumo produtivo instaura e possibilita o processo. (...) Assim, pode aumentar a produção da mais-valia e com ela o consumo individual do capitalista, encontrar-se em pleno progresso todo o processo de reprodução, e, apesar disso, grande parte das mercadorias ter entrado na esfera da circulação apenas na aparência, continuando na realidade armazenada nas mãos dos revendedores sem ser vendida, retida portanto no mercado.(...) Uma remessa de mercadoria sucede a outra, para se verificar no fim que a remessa anterior apenas aparentemente foi absorvida pelo consumo. Os capitais-mercadorias disputam entre si um lugar no mercado. Os retardatários, para vender, vendem abaixo do preço. As remessas anteriores de mercadorias não foram ainda liquidadas, mas já venceram os prazos de pagá-las. Quem detém as mercadorias invendáveis tem de declarar-se insolvente ou vendê-las a qualquer preço, para pagá-las. Essa venda nada tem a ver com a verdadeira situação da procura, está relacionada apenas com a procura de meios de pagamento, com a necessidade absoluta de converter mercadoria em dinheiro. Estala então a crise. Torna-se visível não na queda imediata da procura de mercadorias de consumo, da procura relacionada com o consumo individual, e sim na diminuição da troca entre os capitais, do processo de reprodução do capital.

As crises seriam então o limite à expansão da acumulação, o ponto onde esta expansão não se dá mais de forma lucrativa, ou tão lucrativa quanto antes. É a contradição entre a expansão da produção e a criação de valor, que se expressa na impossibilidade do mercado assimilar a produção excedente. A periodicidade das crises seria determinada pelo próprio movimento de rotação do capital, cada vez mais intenso conforme as necessidades do ritmo da acumulação:

> Na mesma medida em que se amplia, com o desenvolvimento do modo de produção capitalista, a magnitude e a duração da vida do capital fixo aplicado prolonga-se por muitos anos, digamos 10 anos em média, para cada investimento particular, a vida da

> indústria e do capital industrial. Se o desenvolvimento do capital fixo, por um lado, prolonga esta vida, por outro a encurta por meio da revolução constante dos meios de produção, sempre intensificada com o desenvolvimento do modo de produção capitalista. Daí a mutação dos meios de produção, e a necessidade de sua constante substituição em virtude do desgaste moral, antes de se esgotarem fisicamente. (...) Desde já está claro que, em virtude desse ciclo de rotações conexas, que abarca uma série de anos e no qual o capital está preso por uma parte fixa, tornam-se uma base material para as crises periódicas em que os negócios passam por fases sucessivas depressão, animação média, auge, crise. São bem diversos e díspares os períodos em que se aplica capital. Entretanto, a crise constitui sempre o ponto de partida de grandes investimentos novos e forma assim, do ponto de vista de toda a sociedade, com maior ou menor amplitude, nova base material para o novo ciclo de rotações.

Para Marx as crises eram a regra, e não a exceção dentro do capitalismo, não um acidente, mas seu elemento determinante. Foi a partir da definição mais geral da produção capitalista, como produção de valor, que Marx determinou o caráter orgânico das crises na mesma:

De um lado, desenvolvimento irrestrito da produtividade e aumento da riqueza que, ao mesmo tempo, consiste em mercadorias e tem de se converter em dinheiro; do outro, a base econômica restringe a massa de produtores aos meios de subsistência. Por isso, as crises, em vez de acidentes, como pensava Ricardo, são erupções essenciais, em grande escala e em períodos determinados, das contradições imanentes.

A potenciação das crises na circulação simples explica-se pelo fato da compra e venda de mercadorias perfazerem uma unidade interna, pois se um vende outro compra. Entretanto, a circulação de mercadorias rompe paulatina e historicamente as amarras da troca natural e abrange espaços econômicos maiores, suscitando tempos de realização das mercadorias díspares e imprevisíveis para cada unidade produtora. Tal fato implica que a unidade interna da "compra-e-venda" só se faz valer em antíteses externas, porque se elimina a identidade imediata entre compra e venda, a qual existe no ato puro da troca natural, direta, sem a mediação da forma de aparência que é o valor de troca. *Ipso facto* a própria contradição imanente da produção capitalista se expressa no aparente paradoxo de que um trabalho concreto, específico, privado, precise ser representado como trabalho abstrato, geral e social, ou seja, a crescente dissociação do valor de troca (essa representação ou signo de valor) da materialidade sensível do produto orienta a produção exclusivamente em termos monetários e qualquer impossibilidade circunstancial de realização das mercadorias resolve-se por meio de uma crise que destrói as forças produtivas.

O senso comum fixa os valores de uso como valores puramente de troca no cálculo contábil que orienta as atividades práticas naquilo que os economistas hodiernos denominam "agentes econômicos". Nesses valores de troca, apagam-se as qualidades sensoriais dos produtos numa "geléia indiferenciada de trabalho abstrato" (Marx). Mas o valor é uma relação social idealmente autônoma no pensamento em face aos elementos relacionados. No intercâmbio concreto, porém, a contradição entre o caráter específico de valor de uso da mercadoria e o seu caráter genérico de valor de troca exige a mediação de uma abstração (valor) objetivada.

O valor é uma relação social que precisa ser representada, simbolizada em um signo de valor, concreto, que a realize: o valor de troca. A cisão que torna autônomo o valor de troca, dando-lhe existência própria e separada, é simbolizada pelo dinheiro como potência autônoma, poder externo e estranho aos produtores de mercadorias: a forma natural e a forma social dos produtos são contrapostas:

> O valor de troca cindido das próprias mercadorias e existente ele mesmo junto a elas é: dinheiro. Todas as propriedades da mercadoria enquanto valor de troca se apresentam no dinheiro como um objeto distinto

dela, como uma forma de existência social cindida de sua forma de existência natural.

A comprovação explícita da superação obtida por Marx da visão empirista e circulacionista das crises está no posfácio à segunda edição d'*O Capital*:

> O movimento, repleto de contradições, da sociedade capitalista faz-se sentir ao burguês prático de modo mais contundente nos vaivéns do ciclo periódico que a indústria moderna percorre e em seu ponto culminante - a crise geral.

Aí se revelam as duas visões: a primeira, que não ultrapassa a mera constatação dos "vaivéns do ciclo periódico" industrial, identifica-se com a "ideologia do burguês prático"; a segunda abarca o movimento real, pleno de contradições, cujas manifestações fenomênicas são as crises. Nesta abordagem totalizante, as crises aparecem, pela primeira vez, vinculadas organicamente a uma estrutura, compreendida em seu automovimento de produção e reprodução e em sua lógica interna, o que permite ver as crises em toda a sua potencialidade de ingerência em outros patamares da vida social. Antes de Marx, ninguém conseguira deduzir os limites da produção capitalista como algo que lhe fosse imanente e lhe denunciasse sua historicidade e transitoriedade: a autoexpansão do capital possui contradições incuráveis.

Nas palavras de Marx, no livro III d'*O Capital*:

> O verdadeiro limite da produção capitalista é o próprio capital, isto significa que o capital e o aumento do seu valor surgem como o ponto de partida e o termo, a causa e a finalidade da produção. A produção não passa de uma produção para o capital e não o contrário; os meios de produção não são apenas meios para alargar constantemente o processo vital da sociedade dos produtores, os limites fora dos quais não se pode realizar a conservação e o aumento do capital – valor – assente na expropriação e no empobrecimento de vastas massas de produtores entra constantemente em conflito com os métodos de produção aos quais o capital recorreu para atingir os seus fins, métodos que continuam o alargamento ilimitado da produção que, de certo modo, reduzem esta última a ser a sua própria finalidade e que também tendem para o desenvolvimento absoluto da produtividade social do trabalho. O meio – o desenvolvimento ilimitado das forças produtivas – entra em conflito permanente com a finalidade – o crescimento do valor do capital existente.

Século XIX: do auge à crise

A partir da década de 1870, os mecanismos de ligação entre preços agrícolas e crises industriais desapareceram definitivamente. As penúrias alimentares foram substituídas pelas superproduções relativas. Tinham início as crises modernas, ordenadas por um ritmo cíclico interno próprio. Embora cada crise apresentasse características próprias, correspondentes às conjunturas particulares nas quais se inseria, de modo geral elas se faziam notar pela contração brutal da economia, pela dificuldade de escoamento da produção industrial, pela queda dos preços, pelas falências de numerosas empresas, a quebra da bolsa, o desemprego e a redução dos salários, enfim, tensões sociais.

No século XIX, a expansão mundial da produção capitalista foi ampliando o escopo e a profundidade das crises comerciais e financeiras. A crise econômica iniciada em 1873, com o craque da Bolsa de Viena, atingiu dimensões mundiais ao atingir a economia inglesa, centro indiscutido do capitalismo mundial. De imediato, o craque "austríaco" foi seguido de falências bancárias na Áustria e depois na Alemanha; a indústria pesada alemã acabava de conhecer, devido ao esforço provocado pela guerra franco-prussiana, com a construção de estradas de ferro e de navios, uma forte ascensão, que se emperrou com a elevação dos custos e com a baixa da rentabilidade; a produção de ferro fundido caiu em 21% em 1874, e seu preço teve uma queda de 37%. O desemprego acarretou a volta de muitos novos operários industriais ao campo.

Após vinte e dois anos de prosperidade (com algumas interrupções), entre 1851 e 1873, o capitalismo conhecia uma crise de grandes proporções, sua primeira crise contemporânea, que originou uma longa depressão, até 1895. Para Maurice Dobb,

> o que se tornou conhecido como Grande Depressão, iniciada em 1873, interrompida por surtos de recuperação em 1880 e 1888, e continuada até meados da década de 1890, passou a ser encarada como um divisor de águas entre dois estágios do capitalismo: aquele inicial e vigoroso, próspero e cheio de otimismo aventureiro, e o posterior, mais embaraçado, hesitante e, diriam alguns, mostrando já as marcas de senilidade e decadência.

A crise, como vimos, originou-se na Áustria e Alemanha, que experimentava um intenso desenvolvimento industrial devido em parte às indenizações pagas pela França pela guerra de 1871. Também os Estados Unidos sofreram violentamente seu impacto. Os altos dividendos da indústria alemã incrementaram a especulação, que se alastrou para as ferrovias e imóveis, beneficiada pela grande oferta de crédito. Porém os custos aumentaram e a rentabilidade começou a cair.

A crise em seu início foi financeira e estourou em Viena, com a quebra da Bolsa de Valores, seguido de falências de bancos de financiamento austríacos, alemães e norte-americanos. Nos Estados Unidos, a depressão esteve ligada à especulação ferroviária. A simultaneidade na aparição de dificuldades, tanto de um lado como de outro, da Mancha e do Atlântico, ilustra a integração das economias industriais em matéria comercial, e mais ainda em matéria de movimentos de capitais.

Se em, 1873, a crise não teve, logo de saída, um caráter agudo na Grã-Bretanha, no entanto a prosperidade industrial se interrompeu nesse país, iniciando-se um longo período de depressão. O número de falências aumentou progressivamente na Inglaterra: de 7.490 em 1873, para 13.130 em 1879. Em 1878 muitos grandes estabelecimentos bancários decretaram a suspensão de pagamentos; as quebras bancárias, em vez de preceder à crise industrial, se produziram no decorrer da depressão. Os preços caíram, as exportações inglesas se reduziram em 25%

entre 1872 e 1879, o desemprego cresceu de modo inédito no país pioneiro da Revolução Industrial.

Depois de forte crescimento e abertura comercial de suas economias, nas décadas de 1850 e 1860, a Europa conheceu então um período de depressão econômica, a partir de meados da década de 1870, uma "depressão de preços, de juros e de lucros", na expressão do economista neoclássico Alfred Marshall. A intensidade da crise seria proporcional ao eufórico crescimento precedente. Segundo Engels,

> a Bolsa modifica a distribuição no sentido da centralização, acelera enormemente a concentração de capitais e, nesse sentido, é tão revolucionária quanto a máquina a vapor. A ausência de crises a partir de 1868 baseia-se na extensão do mercado mundial, que redistribui o capital supérfluo inglês e europeu em investimentos e circulação no mundo todo em diversos ramos de inversão. Por isso uma crise por superespeculação nas estradas de ferro, bancos, ou em investimentos especiais na América ou nos negócios da Índia seria impossível, enquanto crises pequenas, como a da Argentina, de três anos a esta parte viraram possíveis. Mas isto tudo demonstra que se prepara uma crise gigantesca.

Nas crises precedentes, o sinal mais espetacular era dado pela Bolsa de Valores (desabamento dos preços das ações, pânico) ou pelos bancos (falência de um grande estabelecimento ou falências em cadeia).

Na base do fenômeno, uma lógica aparente: os custos se elevavam (pela alta dos salários, ou por aumento dos preços dos trilhos para as estradas de ferro americanas), os mercados de venda se reduziam (diminuição do poder de compra rural e daquele dos trabalhadores de outros setores, redução dos investimentos públicos, dificuldades nos mercados estrangeiros), os preços de venda baixavam (concorrência nos preços, guerra de tarifas nas estradas de ferro norte-americanas); a rentabilidade declinava ou caía brutalmente, a realização do valor produzido por cada empresa se tornava mais difícil, a concorrência ficava acirrada, a situação das empresas se tornava cada vez mais precária. Assim, tudo podia desencadear a crise: um rumor na bolsa, um mercado perdido, uma empresa ou um banco que interrompia os pagamentos, bastavam para deflagrar a engrenagem incontrolável. Mas a "faísca" apenas deflagrava o fenômeno profundo, determinado pela sobreprodução e pela queda tendencial da taxa de lucro.

Segundo a expressão de Marx, no livro III d'*O Capital*, acumulação-sobreprodução e queda tendencial da taxa de lucro eram duas faces da mesma moeda ou

> queda da taxa de lucro e aceleração da acumulação são só expressões diversas de um mesmo processo,

ambos indicando o desenvolvimento da força produtiva. A acumulação acelera a queda da taxa de lucro, ao causar a concentração do trabalho em grande escala e, em consequência, uma composição superior do capital. Por outro lado, a diminuição da taxa de lucro acelera a concentração de capital, sua centralização via expropriação dos pequenos capitalistas, dos produtores diretos sobreviventes que conservem alguma coisa a ser expropriada. A acumulação como massa se acelera, enquanto a taxa de acumulação diminui junto à taxa de lucro.[1]

---

1 A vinculação orgânica da queda tendencial da taxa de lucro, a sobreprodução, e a crise, se encontra exposta de maneira mais clara e desenvolvida no próprio *Capital*, e derivada da lei geral da acumulação do capital: "A diminuição do capital variável em relação ao capital constante, determina uma composição orgânica crescente do capital total, resultando daí que quer o grau de exploração do trabalho permaneça inalterável, quer aumente, a taxa da mais-valia se exprime numa taxa geral de lucro sempre decrescente (manifesta-se de uma forma tendencial e não absoluta). A tendência permanente para a diminuição da taxa geral do lucro é apenas a expressão do desenvolvimento progressivo da produtividade social do trabalho, expressão que corresponde ao modo de produção capitalista(...). Uma mesma taxa de mais-valia, mantendo-se inalterável o grau de exploração do trabalho, exprime-se numa taxa de lucro decrescente, porque o aumento das dimensões materiais do capital constante é acompanhado por um aumento do valor deste último e, por conseguinte, embora não nas mesmas

proporções, também do capital social. Se se admitir que esta modificação gradual na composição do capital se efetua não só em alguns ramos da produção, mas em quase todos, ou pelo menos nas esferas determinantes da produção, que deste modo equivale a uma modificação da composição orgânica média do capital total pertencente a uma determinada sociedade, semelhante crescimento progressivo do capital constante relativamente ao capital variável, tem, como consequência inevitável, uma diminuição gradual da taxa geral do lucro, se a taxa de mais-valia ou o grau de exploração do trabalho pelo capital se mantiver invariável. (...) As crises apresentam-nos sempre uma solução temporária e violenta das condições existentes, das explosões violentas que restabelecem por um instante o equilíbrio perturbado(...). A contradição pode exprimir-se sob a sua forma mais geral da seguinte maneira: o modo de produção do capital tem tendências a desenvolver de uma forma absoluta as forças produtivas, independentemente do valor da mais-valia que este último contém, independentemente das relações sociais dentro das quais a produção capitalista se efetua. Enquanto, por um lado, põe como finalidade a conservação do valor capital existente e o seu máximo crescimento possível (isto é, o aumento cada vez mais rápido desse valor). A característica específica deste modo de produção é o fato de se servir do valor capital existente como de um meio para aumentar esse valor ao máximo. Os métodos graças aos quais chega a este resultado acarretam a diminuição da taxa de lucro, a depreciação do capital existente e o desenvolvimento das forças produtivas do trabalho à custa das forças produtivas já produzidas".

A baixa dos preços já era conhecida, acompanhando a compressão e a redução da produção. Mas essa baixa constituiu uma tendência pesada no decorrer desses pouco mais de vinte anos; assim, de 1873 a 1896, a baixa dos preços de atacado foi de 32% na Grã-Bretanha, de 40% na Alemanha, de 43% na França e de 45 % nos Estados Unidos. Esse movimento envolveu mais alguns produtos, como o preço do ferro fundido, que caiu em 60% entre 1872 e 1886. Houve também o crescimento do desemprego: na Grã-Bretanha, a taxa de desemprego se elevou brutalmente, de 1 % em 1872 para mais de 11% em 1879 (medida considerando só o universo de operários sindicalizados atingidos, ou seja, o desemprego real era bem maior). Nos salários reais, houve uma tendência à baixa nos setores atingidos pela crise. De modo inesperado, a crise evidenciou uma grave sobreprodução de mercadorias e de capitais nas economias capitalistas, em relação ao mercado mundial da época. A ampliação, intensiva e extensiva, desse mercado, colocou-se como um imperativo: ela não seria atingida, no entanto, de modo pacífico e harmonioso, mas a través da concorrência econômica, de contradições políticas e de enfrentamentos bélicos.

Entrou-se de modo acelerado em uma nova era tecnológica, determinada, não pelas invenções e métodos da primeira Revolução Industrial, mas por novos ramos industriais. Surgiram novas fontes de energia (eletricidade e petróleo, turbinas, motor a explosão), uma nova maquinaria baseada em novos materiais (ferro, ligas, metais não-ferrosos), indústrias baseadas em novas ciências, como a química orgânica. E também numa era de mercado de consumo doméstico, iniciada nos EUA, e desenvolvida pela crescente renda das massas trabalhadoras, potenciada pelo substancial aumento demográfico dos países desenvolvidos. De 1870 a 1910, a população de Europa cresceu de 290 para 435 milhões, a dos EUA de 38,5 para 92 milhões. Surgiu o período da produção de massa, incluindo alguns bens de consumo duráveis.

A "depressão do comércio" foi, certamente, universal, mas foi uma queda de seu crescimento, não um retrocesso. A produção mundial, longe de estagnar, continuou a aumentar. Entre 1870 e 1890, a produção de ferro dos cinco principais países produtores mais do que duplicou (de 11 para 23 milhões de toneladas); a produção de aço, que agora passava a ser o indicador adequado da industrialização, multiplicou-se por vinte (de 500 mil para 11 milhões de toneladas). O crescimento do comércio internacional continuou a ser impressionante, embora a taxas menos vertiginosas que antes. Foi exatamente nessas décadas que as economias industriais americana e alemã avançaram a passos agigantados, e que a revolução industrial se estendeu a novos países, como a Suécia e a Rússia. Muitos dos países ultramarinos recentemente integrados à economia mundial conheceram um surto de desenvolvimento. Nas palavras de Hobsbawm, "o que estava em questão não era a produção, mas a sua lucratividade".

A era liberal tinha sido a do monopólio industrial inglês, dentro do qual os lucros eram garantidos pela competição de pequenas e médias empresas. A era "pós-liberal" caracterizou-se por uma competição internacional entre economias industriais nacionais rivais – a inglesa, a alemã, a norte-americana; uma competição acirrada pelas dificuldades que as firmas dentro de cada um destes países enfrentavam (no período da depressão) para fazer lucros adequados. A competição levava à concentração econômica e ao controle do mercado. O crescimento econômico era agora também luta econômica. O otimismo acerca de um futuro de progresso infinito dava lugar à incerteza. Tudo isto fortalecia e por seu turno era fortalecido pelas crescentes rivalidades políticas, as duas formas de competição fundindo-se na luta por territórios e na caça de "esferas de influência", que foi chamada de *imperialismo*.

A nova estrutura da organização econômica foi, depois, denominada de "capitalismo monopolista". A crise abriu espaço para a crescente monopolização das economias nacionais, e permitiu a intensificação da expansão imperialista, acirrando a tensão entre as grandes potências capitalistas. Os limites do liberalismo econômico apareceram definitivamente. A teoria do *laissez-faire* triunfou enquanto perduraram as condições históricas favoráveis à adoção de uma política e uma economia liberais. Na Grã-Bretanha de meados do século XIX, mais do que em qualquer outro país do mundo, essas condições se fizeram presentes, até que a Grande Depressão dos anos 1873-1896 a atingiu, como havia alcançado todos os demais países ou colônias integrantes do sistema econômico capitalista. A expansão geográfica do capital e a exploração dos mercados externos, dando início ao imperialismo capitalista, foi a solução encontrada pela Europa para a crise.

A rivalidade levou às potências a dividir o globo entre reservas formais ou informais para seus próprios negócios, mercados e exportações de capital, processo também devido à crescente não-disponibilidade de matérias-primas na maioria dos próprios países desenvolvidos. As novas indústrias demandavam petróleo, borracha, metais não-ferrosos. A nova economia de consumo demandava quantidades crescentes não apenas de matérias primas produzidas nos países desenvolvidos, mas também daquelas que não podia produzir.

O neo-colonialismo

Além de uma tendência para o protecionismo econômico (com a exceção, importante, da Grã-Bretanha, para a qual o livre-câmbio continuava a ser a arma de sua hegemonia econômica, baseada na sua superioridade industrial) desenvolveu-se um novo surto de conquista colonial, em direção da Ásia e da África. A conexão entre esses fenômenos demorou algum tempo para ser estabelecida. Na década de 1890, Friedrich Engels, no prólogo à primeira edição dos volumes II e III d'*O Capital*, procurou situá-los no contexto do desenvolvimento histórico geral do capitalismo: "A colonização é hoje uma efetiva filial da Bolsa, no interesse da qual as potencias europeias partilharam a África, entregue diretamente como botim às suas companhias". Ou seja, não era uma colonização como as anteriores. O seu ritmo de expansão (560 mil km2 por ano) também não tinha precedente.

Em carta a Kautsky, Engels sublinhou a necessidade de "identificar na conquista colonial o interesse da especulação na Bolsa". Com uma conclusão central: "É ainda a magnífica ironia da História: à produção capitalista só resta agora conquistar a China, e quando finalmente o realizar, tornar-se impossível fazê-lo na sua própria pátria".

O ministro francês Jules Ferry, em seu livro *Le Tonkin et la Mère Patrie*, de 1890, escreveu:

> Um movimento irresistível se apoderou das grandes potências europeias por conquistar novos territórios. Foi como uma imensa carreira de obstáculos na rota para o desconhecido. Esta *course au clocher* tem apenas cinco anos e se movimenta por inércia de um ano para outro.

Já em 1884, Charles Faure tinha usado o termo, comentando a Conferência de Berlim (que estabeleceu acordos para a partilha da África entre as potências):

> O movimento tomou o caráter de uma verdadeira *course au clocher*. Parece que o vencedor será aquele que primeiro chegue e hasteie a bandeira de seu país em qualquer lugar da costa da África que ainda não esteja sob a dominação de uma nação europeia.

O colonialismo do século XIX foi impulsonado pela ideologia de que cabia aos europeus cumprir uma missão civilizadora na África, missão que seria, na expressão do poeta e romancista inglês Rudyard Kipling — partidário fervoroso do imperialismo vitoriano —, o "fardo do homem branco". Foram estes "ideais" que levaram, por exemplo, Cecil Rhodes a iniciar o saque dos diamantes da Namíbia e da África do Sul, principal fonte de sustento do monopólio fundado por ele, a De Beers, e a Anglo American. De fato, a África fora o grande teatro da expansão colonial (na América, as possessões coloniais até diminuíram):

Percentual de território pertencente às potências europeias e aos EUA

	1876	1900	Diferença
África	10,8%	90,4%	79,6%
Polinésia	56,8%	98,9%	42,1%
Ásia	51,5%	56,6%	5,1%
Austrália	100%	100%	--
América	27,5%	27,2%	0,3%

Nas décadas finais do século XIX, o capital vinculou a conquista colonial com a especulação financeira e com o novo papel da Bolsa. A expansão do mercado mundial, na segunda metade do século XIX, deu vazão ao capital supérfluo inglês, em investimentos e circulação em diversos ramos de inversão. O uso do termo *imperialismo* tornou-se corrente no ultimo quartel do século XIX, para descrever a partilha do "mundo colonial" pelas potencias europeias.

A base desse processo era a maturidade atingida pelo capitalismo metropolitano. Em finais do século XIX, o capitalismo se afirmou como modo de produção dominante, destruindo as formas pré-capitalistas, em diversos países europeus, de modo desigual. O capital penetrou também países com escasso desenvolvimento industrial, mas que conservaram sua soberania nacional (a já mencionada Rússia, ou a maior parte da América Latina), mas também territórios – na Ásia e na África, principalmente – que se transformaram em *colônias*. Finalmente, penetrou territórios vazios, ou esvaziados (através de genocídios) nas Américas. Sobre a base do desenvolvimento do comércio mundial (cujo volume decuplicou entre 1848 e 1914) o movimento foi desigual e contraditório: nos países avançados a indústria avançou, sobretudo a pesada; os países se urbanizaram, a renda nacional progrediu, assim como a percentagem dos trabalhadores industriais. Nos outros países houve também "modernização", mas em ritmo mais lento, aumentando a sua distância econômica em relação aos países adiantados, havendo, em alguns casos, estagnação, e até regressão. O violento movimento de recolonização do planeta permitiu ao capitalismo (europeu, em primeiro lugar) sair da "grande depressão".[2]

---

2 Não é por acaso que, no campo teórico, o debate acerca dos esquemas da reprodução ampliada de Marx, a questão da crise e a questão do imperialismo se confundissem num único debate, pois, embora separados, estavam todos referidos a um único problema; ou, como foi lamentado por Rosa Luxemburgo: "A legalidade da reprodução em escala ampliada e o fenômeno das crises estão separados na obra que Marx nos deixou, e separados também, para grande prejuízo do assunto, nos autores marxistas que o defendem ou o atacam". Para além dessa razão teórica, existiam também razões de ordem histórica, que determinaram que o debate marxista corresse paralelo ao novo interesse da teoria econômica pelo fenômeno do ciclo. Dois movimentos paralelos se produziram: o surgimento

Mas o "remédio" ampliava as contradições em escala inédita. A expansão mundial do capital tinha um efeito deletério sobre a troca comercial entre o berço histórico do capitalismo e as regiões periféricas, fator de estabilidade da Europa, assim como sobre a

---

da teoria revisionista de Bernstein, por volta de 1896, no campo socialista, e no campo oposto, o surgimento de teorias sobre o imperialismo (o livro do liberal inglês John Hobson foi publicado em 1902), e sobre a crise, explicada pelo excesso de investimento no pré-keynesiano Spiethoff, ou pelo subconsumo em Hobson, que terão grande influência no pensamento marxista. Do ponto de vista político, a figura mais significativa foi a de Eduard Bernstein, que vinha publicando artigos na *Neue Zeit* desde 1896, dando forma definitiva ao "revisionismo" com a publicação, em inícios de 1899, dos *Pressupostos do Socialismo e as Tarefas da Socialdemocracia*. Partindo da afirmação de Marx no livro III d'*O Capital* (a última causa de todas as crises continua sendo sempre a pobreza e o consumo limitado por parte das massas, em comparação com a tendência da produção capitalista de desenvolver as forças produtivas de tal modo que somente o poder absoluto de consumo de toda a sociedade seja seu limite), Bernstein fez de Marx um partidário tardio da teoria do subconsumo de Rodbertus, considerando-o inadequado para o novo capitalismo, no qual fenômenos de depressão local e parcial são inevitáveis: não uma queda geral, dada a organização e extensão do mercado internacional, e principalmente a expansão da produção de meios de subsistência.

possibilidade de que a Rússia e a América jogassem o papel de gendarme da reação internacional.

Marx e Engels assim escreviam no prefácio à primeira edição russa do *Manifesto Comunista* (de 1882):

> Foi a imigração europeia que possibilitou à América do Norte a produção agrícola em proporções gigantescas, cuja concorrência está abalando os alicerces da propriedade rural européia - a grande como a pequena. Ao mesmo tempo, deu aos Estados Unidos a oportunidade de explorar seus imensos recursos industriais, com tal energia e em tais proporções que, dentro em breve, arruinarão o monopólio industrial da Europa ocidental, especialmente o da Inglaterra. Essas duas circunstâncias reprecutem de maneira revolucionária na própria América do Norte. Pouco a pouco, a pequena e a média propriedade rural, a base do regime político em sua totalidade, sucumbe diante da competição das fazendas gigantescas; ao mesmo tempo formam-se, pela primeira vez nas regiões industriais, um numeroso proletariado e uma concentração fabulosa de capitais. E a Rússia? Durante a revolução de 1848-49, os príncipes e a burguesia europeus viam na intervenção russa a única maneira de escapar do proletariado que despertava. O czar foi proclamado chefe da reação européia. Hoje ele é, em Gatchina, prisioneiro de guerra da revolução e a Rússia forma a vanguarda da ação revolucionária na Europa.

Dimensão das possessões coloniais

Anos	Inglaterra		França		Alemanha	
	Superfície (em milhões de milhas quadradas)	População (em milhões)	Superfície (em milhões de milhas quadradas)	População (em milhões)	Superfície (em milhões de milhas quadradas)	População (em milhões)
1815-1830	?	126,4	0,02	0,5	--	--
1860	2,5	145,1	0,2	3,4	--	--
1880	7,7	267,9	3,4	7,5	--	--
1899	9,3	309,0	7,5	56,4	1,0	14,7

[Este quadro, e os que seguem, foram extraídos de O Imperialismo, Fase Superior do Capitalismo, de V. I. Lênin]

Para Nikolai Bukharin, o imperialismo era "a reprodução ampliada da concorrência capitalista":

> não é pelo fato de constituir a época do capitalismo financeiro um fenômeno historicamente limitado que se pode, entretanto, concluir que ela tenha surgido como um *deux ex machina*. Na realidade, ela é a sequência histórica da época do capital industrial, da mesma forma que esta última representa a continuidade da fase comercial capitalista. Esta é a razão por que as contradições fundamentais do capitalismo – que, com seu desenvolvimento, se reproduzem em ritmo crescente – encontram, em nossa época, expressão particularmente violenta.

Na virada para o século XX, mais da metade da superfície terrestre, e mais de um terço da população do planeta, se encontrava nas colônias:

	Colónias				Metrópoles		Total	
	1876		1914		1914		1914	
	Km2	Hab.	Km2	Hab	Km2	Hab	Km2	Hab
Inglaterra	22,5	251,9	33,5	393,5	0,3	46,5	33,8	440,0
Rússia	17,0	15,9	17,4	33,2	5,4	136,2	22,8	169,4
França	0,9	6,0	10,6	55,5	0,5	9,6	11,1	95,1
Alemanha	--	--	2,9	12,3	0,5	64,9	3,4	77,2
Estados Unidos	--	--	0,3	0,39,7	9,4	97,0	9,7	106,7
Japão	--	--	0,3	19,2	0,4	53,0	0,7	72,2
Total para as seis grandes potências	40,4	273,8	65,0	523,4	16,5	437,2	81,5	960,6
Colónias de outras potências (Bélgica, Holanda, etc.)							9,9	45,3
Outros países							14,5	361,2
Total na Terra							133,9	1.657,0

Possessões coloniais das grandes potências (em milhões de quilômetros quadrados e de habitantes)

Sintetizando: 56% da superfície do planeta (75 milhões de quilômetros quadrados, para um total de 134 milhões) estava colonizado por potências cuja superfície (16,5 milhões de quilômetros quadrados) mal ultrapassava 12% do total das terras emergidas, isto pese às potências incluírem dois países de dimensões continentais (os EUA e a Rússia). Nos territórios diretamente colonizados habitava mais de 34% da população da Terra, não incluindo a população das chamadas semi-colônias (China, Argentina, ou Brasil, por exemplo).

As bases econômicas do imperialismo

Eric J. Hobsbawm sintetizou assim o processo:

> Entre 1876 e 1915, cerca de um quarto da superfície continental do globo foi distribuído ou redistribuído, como colônia, entre meia dúzia de Estados. A Grã-Bretanha aumentou seus territórios em cerca de dez milhões de quilômetros quadrados, a França em cerca de nove, a Alemanha conquistou mais de dois milhões e meio, a Bélgica e a Itália pouco menos que essa extensão cada uma. Os EUA conquistaram cerca de 250 mil, principalmente da Espanha, o Japão algo em torno da mesma quantidade às custas da China, da Rússia e

da Coreia. As antigas colônias africanas de Portugal se ampliaram em cerca de 750 mil quilômetros quadrados; a Espanha, mesmo sendo uma perdedora líquida (para os EUA), ainda conseguiu tomar alguns territórios pedregosos no Marrocos e no Saara ocidental. O crescimento da Rússia imperial é mais difícil de avaliar, pois todo ele se deu em territórios adjacentes e constituiu o prosseguimento de alguns séculos de expansão territorial do Estado czarista; ademais, a Rússia perdeu algum território para o Japão. Dentre os principais impérios coloniais, apenas o holandês não conseguiu, ou não quis, adquirir novos territórios, salvo por meio da extensão de seu controle efetivo às ilhas indonésias, que há muito "possuía" formalmente. Dentre os menores, a Suécia liquidou a única colônia que lhe restava, uma ilha das Índias Ocidentais, vendendo-a à França, e a Dinamarca estava prestes a fazer o mesmo, conservando apenas a Islândia e a Groenlândia como territórios dependentes.

Dentro da Europa, o velho monopólio industrial da Inglaterra enfraqueceu no último quartel do século XIX, pois outros países metropolitanos, por meio de políticas alfandegárias protecionistas, tinham-se transformado em Estados capitalistas independentes que concorriam vantajosamente com Inglaterra nos ramos de produção mais importantes.[3]

---

3 Vejamos alguns exemplos: o carvão, principal fonte de energia, tinha um rendimento anual de 900 kg/trabalhador

As exportações da periferia acompanharam essa tendência: em 1860, metade do total das exportações da Ásia, África e América Latina se dirigiu a um só país, a Grã-Bretanha. Por volta de 1900, a participação britânica nas exportações desses continentes caíra para um quarto do total, e as exportações periféricas para

---

na França, 1100 na Inglaterra, 1200 na Alemanha e... 3800 nos EUA. A produção mundial de carvão era de 1215 milhões de toneladas em 1913 (contra 240 em 1870), 82% dos quais extraídos pelos EUA, Inglaterra e Alemanha. A produção de petróleo, por sua vez, central a partir da invenção do motor a explosão, passou de 700 mil toneladas em 1871 para 20 milhões em 1900, 52 milhões em 1913. A indústria metropolitana modificou a sua fisionomia, deslocando para a periferia os setores menos intensivos em capital: Europa só produzia 42% dos têxteis que consumia, importando o restante das colônias e semi-colônias. A indústria química progrediu com a invenção do plástico, da nitroglicerina e das indústrias sintéticas: seus centros eram os EUA e a Alemanha. A metalúrgica era a indústria principal: 500 mil toneladas de aço foram produzidas em 1875, 74 milhões em 1913; 13 toneladas foi a produção de alumínio em 1885, 65 mil em 1913. A agricultura se transformou em função do progresso industrial, de modo desigual, pois o rendimento era muito maior nos países em que se industrializou e se praticou a especialização das terras. As comunicações terrestres experimentaram também uma explosão, com 209 mil quilômetros de estradas de ferro em 1870, e mais de um milhão em 1913. As estradas experimentaram crescimento semelhante, especialmente nos EUA, com a produção industrial do automóvel.

outros países da Europa ocidental já superavam as destinadas à Grã-Bretanha (totalizando 31%, contra os 25% britânicos). No limiar do século XX assistimos também à formação de uniões monopolistas de capitalistas em todos os países de capitalismo desenvolvido; e ao crescente monopólio mundial de uns poucos países ricos, nos quais a acumulação do capital alcançara proporções gigantescas. Constituiu-se um enorme "excedente de capital" nos países avançados. Num opúsculo famoso, publicado em 1916, Lênin sintetizou:

> O que caracterizava o velho capitalismo, no qual dominava plenamente a livre concorrência, era a exportação de mercadorias. O que caracteriza o capitalismo moderno, no qual impera o monopólio, é a *exportação de capital*.

Entre 1848 e 1875, as exportações (de mercadorias) europeias tinham mais que quadruplicado, ao passo que entre 1875 e 1914, elas "só" duplicaram.

O capitalismo gerara uma "poupança excedente", as oportunidades de investimento ficaram mais raras nos países capitalistas, surgindo três alternativas para superar a depressão dos negócios decorrente: 1) Aumentar os salários reais para ampliar o mercado interno, fazendo cair ainda mais a taxa de lucro; 2) Manter os salários iguais e canalizar toda a acumulação para o progresso técnico, aumentando a parte constante do capital; 3) Investir no exterior, onde a taxa de lucro do capital era maior. A terceira alternativa era a "melhor" para os capitais excedentes nas metrópoles: investir em espaços econômicos vazios, mão de obra e matérias primas baratas e em abundância.[4] Marx já chegara à conclusão de que se

---

4 Para Rosa Luxemburgo, a acumulação de capital era impossível num sistema fechado, e no âmago do problema estaria a questão da mais-valia. Para ela, o valor de todas as mercadorias e, portanto, do capital social total, consiste no capital constante mais o capital variável mais a mais-valia. O capital constante é realizado através das compras de reposição dos próprios capitalistas; o capital variável é realizado através dos gastos que os operários fazem de seus salários; até aí tudo claro. Mas o que ocorre com a mais-valia? Uma parte é adquirida pelo capitalista para seu consumo, outra parte ele deseja acumular, e nisso está a dificuldade: onde está a procura pela mais-valia acumulada? Os capitalistas certamente não podem realizar a mais-valia que desejam acumular vendendo-a aos trabalhadores, pois estes já esgotam seus salários na realização do capital variável. Não podem vendê-la a si mesmos, para consumo, porque estaríamos de volta à reprodução simples. Quem então pode ser o recipiendário ou consumidor da poção social das mercadorias, cuja venda é um pré-requisito necessário da acumulação de capital? A conclusão de Rosa Luxemburgo foi que a relização da mais-valia só era possível na medida em que se abrissem ao modo de produção capitalista mercados não capitalistas. Com boa parte do globo ainda fora do sistema capitalista, a crise final só poderia acontecer num futuro indeterminado. Isto

produzia um movimento de capitais desde os países mais adiantados até os mais atrasados, em busca de taxas de lucro superiores. Criava-se uma *taxa de lucro média* internacional, na qual as taxas de lucro dos países ricos estão abaixo da média internacional e a dos pobres, acima, o que era a base do superbenefício dos monopólios.

Para Lênin, o capital monopolista expressava as leis básicas de movimento de capital em condições históricas concretas:

> Essa mudança é devida ao desenvolvimento, ampliação e extensão das tendências mais profundas e essenciais do capitalismo e da produção mercantil em geral. As trocas comerciais crescem, a produção aumenta. Estas tendências marcantes foram observadas ao longo dos séculos no

---

não significa que Rosa propusesse uma espera passiva do colapso, pois, segundo ela, quanto mais violentamente o capital – através de métodos militares no mundo externo, e também internamente – afasta os elementos não-capitalistas e deprime as condições de vida de toda a classe trabalhadora, tanto mais a história diária da acumulação de capital no cenário mundial se transforma numa cadeia contínua de catástrofes sociais e políticas e de convulsões que, juntamente com catástrofes econômicas periódicas na forma de crises, tornarão impossível a continuação da acumulação e farão necessária a rebelião da classe operária internacional contra o domínio do capital, antes mesmo que este se choque contra as barreiras econômicas por ele mesmo criadas.

mundo todo. Ora, em certo nível de desenvolvimento das trocas, em certo grau de desenvolvimento da grande produção, atingido mais ou menos na virada para o século XX, o movimento comercial determinou uma internacionalização das relações econômicas e do capital; a grande produção adquiriu proporções tais que os monopólios substituíram a livre concorrência.

A tendência do movimento do capital foi definida pela diferença da taxa de lucro de região para região, de país para país. Até que, finalmente, a partilha econômica e política do mundo completou-se, incluindo as ultimas zonas não ocupadas. Começou então a luta pela sua redistribuição entre as associações monopolistas e seus Estados, na procura de novos mercados e fontes de matérias primas:

> As etapas de repartição pacifica são sucedidas pelo impasse em que nada resta para distribuir. Os monopólios e seus Estados procedem então a uma repartição pela força. As guerras mundiais inter-imperialistas se transformam em uma componente orgânica do imperialismo.

Para que isso acontecesse, foi necessária uma fusão inédita entre o capital (monopolista), o interesse privado, e o Estado, suposto representante do interesse público, subordinando o segundo ao primeiro, transformando qualitativamente a função do Estado, num processo em que a aparência invertia a essência, pois se manifestava como "estatização da vida social": o Estado absorvendo as funções antigamente desempenhadas de modo independente pela "sociedade civil", transformando-se num monstro multitentacular, processo que foi estudado por Nikolai Bukhárin em *O Imperialismo e a Economia Mundial* (onde o teórico bolchevique usou a imagem do "novo Leviatã" para referir-se ao Estado imperialista).

John A. Hobson, economista liberal inglês, disse em livro seminal (*O Imperialismo*) publicado em 1902:

> Nação atrás de nação entra na máquina econômica e adota métodos avançados industriais e, com isso, se torna mais e mais difícil para seus produtores e mercadores venderem com lucro seus produtos. Aumenta a tentação de que pressionem seus governos para lhes conseguir a dominação de algum Estado subdesenvolvido distante. Em toda parte, há excesso de produção, excesso de capital à procura de investimento lucrativo. Todos os homens de negócios reconhecem que a produtividade em seus países excede a capacidade de absorção do consumidor nacional, assim como há capital sobrando que precisa encontrar investimento remunerativo além-fronteiras. São essas condições econômicas que geram o imperialismo.

Hobson aplicou a teoria de Sismondi à questão do imperialismo. A demanda de bens de consumo caíra relativamente, em função da distribuição desigual da renda líquida e da acumulação crescente de capital, que incrementara a oferta de mercadorias em proporção muito maior que o crescimento, bem mais modesto, da demanda agregada. Parte do lucro acumulado não podia ser reinvestida, resultando improdutiva, fazendo cair a taxa de expansão do capital e, sobretudo, a taxa média de lucro (ou retorno do investimento). Para fazer frente à superprodução derivada do consumo insuficiente, fazia-se necessária a conquista de mercados externos, o que explicava a expansão imperialista.[5] Em 1885, os quatro maiores investidores mundiais – Grã-Bretanha, França, Alemanha e Estados Unidos – haviam colocado no exterior 2.681 milhões de libras esterlinas. Em 1914, essa cifra já era de 7.659 milhões. Ainda considerado em cifras estimadas, o crescimento do investimento externo foi espantoso.

**Capital investido no estrangeiro
(em bilhões de francos)**

Anos	Inglaterra	França	Alemanha
1862	3,6	--	--
1872	15	10	--
1882	22	15	?
1893	42	20	?
1902	62	27-37	12,5
1914	75-100	60	44

---

5 Hobson era também favorável à intervenção estatal, sobretudo no que dizia respeito à adoção de medidas que viessem a estimular o consumo.

Em 1915, calculava-se em 40 bilhões de dólares (ou 200 bilhões de francos), os capitais exportados pela Inglaterra, Alemanha, França, Bélgica e Holanda. Num relatório do cônsul austro-húngaro em São Paulo, lia-se:

> A construção das estradas de ferro brasileiras realiza-se, na sua maior parte, com capitais franceses, belgas, britânicos e alemães; os referidos países, ao efetuarem-se as operações financeiras relacionadas com a construção, reservam-se as encomendas de materiais de construção ferroviária.

O novo *capital financeiro* estendia assim as suas redes em todos os países do mundo, desempenhando um papel importante os bancos, bem como suas filiais "coloniais".[6] Diversamente do passado, os investimentos externos intraeuropeus perdiam terreno diante dos investimentos nas regiões periféricas ou no mundo colonial: por volta de 1850, Europa e os EUA ainda recebiam cerca de metade das exportações de capital inglês, mas, entre 1860 e 1890, os investimentos externos para Europa caíram sensivelmente (de 25% para 8%); os investimentos

---

6 A Inglaterra tinha em 1904 um total de 50 bancos coloniais com 2279 filiais (em 1910 eram 72 bancos com 5449 filiais); a França tinha 20 com 136 filiais; a Holanda possuía 16 com 68; enquanto a Alemanha tinha 13, com 70 filiais.

diretos para os EUA passaram a declinar até sofrerem uma brusca queda durante a guerra (quando passaram de 19% para 5,5 % dos investimentos externos britânicos; Inglaterra ainda era a principal investidora mundial).

Distribuição dos capitais investidos no estrangeiro (1910: em bilhões de marcos)

	Inglaterra	França	Alemanha	Total
Europa	4	23	18	55
América	37	4	10	51
Ásia, África e Austrália	29	8	7	44
Total	70	35	35	140

Hobson explicou as "contradições do imperialismo" a partir das "recorrentes crises do capitalismo, quando a superprodução se manifesta nas principais indústrias". Hobson não escondeu que o novo *imperialismo capitalista*, apesar de ser um "mau negócio para a nação", era um bom negócio para certas classes, cujos "bem organizados interesses de negócios são capazes de sufocar o débil e difuso interesse da comunidade" e de "usar os recursos nacionais para seus lucros privados". Por outro lado, Hobson assinalava que "os termos *credor* e *devedor*, aplicados aos países, mascaram a principal característica deste imperialismo. Já que se as dívidas são 'públicas', o crédito é quase sempre privado". Dentro da classe capitalista tendia a predominar a figura do *rentier* (que o marxista russo Bukhárin analisou na sua obra A *Economia Política do Rentista*) desvinculado da produção; o capital financeiro passava a comportar-se como um prestamista e, finalmente, como um agiota internacional, criando um sistema internacional de dividas cada vez maior.

Hobson via por trás dessas classes o grande "capital cosmopolita", em primeiro lugar a indústria pesada, direta e indiretamente interessada nos gastos de armamento: "O imperialismo agressivo, que custa caro ao contribuinte, é fonte de grandes lucros para o investidor que não encontra no interior um emprego lucrativo para o seu capital". Leva a que "malvados demagogos políticos controlem a imprensa, as escolas e se necessário as igrejas, para impor o capitalismo às massas". Hobson conhecia as raízes profundas do imperialismo, "cuja essência consiste no desenvolvimento dos mercados para o investimento e não para o comércio", e não em "missões de civilização" ou "manifestações de destino".[7]

A monopolização industrial mudou a composição e a organização da classe operária, assim como a sua

---

[7] As tiradas do ex presidente dos EUA, George W. Bush, e consortes, no sentido de exportar a civilização democrática são, portanto, bem velhas.

composição política. A organização do movimento operário acompanhou, rápida ou tardiamente, a concentração econômica. Os sindicatos formados na expansão do fim da década de 1880 recrutaram trabalhadores de todos os graus de habilitação, e adotaram numerosas formas de organização. Muitos sindicatos se fundiram para formar "sindicatos gigantes" (dois deles incluíram ao redor de um quarto do total dos membros dos sindicatos ingleses). A classe operária transformou-se numa força social incontornável, de um modo sem precedente. A política nas metrópoles capitalistas mudaria de modo definitivo devido a esse fato.

Foi no auge do imperialismo inglês que surgiu, na Inglaterra antes que na Europa continental, o primeiro movimento político socialista reformista, isto é, que renunciava à via revolucionária para se opor à exploração capitalista. A *Fabian Society*, baseada no nome do cônsul reformador da antiga Roma (Quinto Fabio Máximo, chamado "o contemporizador"), foi fundada em Londres em 1884, por um grupo de intelectuais entre os que se destacavam o literato George Bernard Shaw e o casal Sidney e Beatrice Webb. O gradualismo reformista dos "fabianos" se contrapunha explicitamente ao socialismo revolucionário marxista. Os fabianos se engajaram em numerosas lutas pela melhora material e moral da classe operária. Mas fizeram isto chegando a apoiar, declaradamente, a política imperialista da Inglaterra, que era, supostamente, benéfica para a economia inglesa no seu conjunto e, portanto, também para as camadas populares. Junto com as *trade-unions* (sindicatos), a Fabian Society foi um ponto de apoio para a criação do *Labour Party* (Partido Trabalhista) em 1906.

O imperialismo especificamente capitalista resultou de uma crise e uma depressão de dimensões inéditas, que marcou um ponto de virada na história do capitalismo, cujas consequências seriam a emergência do imperialismo, o redimensionamento do mapa industrial e econômico do mundo, a consequente redistribuição do poder político e militar, e a redefinição do sistema monetário internacional no quadro do surgimento do capital financeiro como figura dominante do capital. Todo o sistema econômico mundial testemunhou a marcha acelerada para um período de tensões sem precedentes. A vantagem comparativa na sua construção de indústrias novas (aço, química, energia e máquinas elétricas) passou da Inglaterra para os EUA e a Alemanha, que poderiam agora desfrutar de uma economia externa, já usada pela Inglaterra no século XIX, e de uma enorme ampliação do mercado interno. Os elementos decisivos foram a unificação alemã e o grande crescimento da sua população, e a emigração em massa da Europa para os EUA.

A Inglaterra não pôde, no período de auge econômico de 1890-1914, responder ao desafio da chamada "segunda revolução industrial": sua indústria ficou ligada aos produtos velhos, não aos novos. No mesmo período, o sistema financeiro se desenvolveu de modo semelhante ao industrial e comercial. Inglaterra perdeu importância em relação ao período 1870-90, em que Londres dominava absolutamente os mercados financeiros: Paris havia desaparecido, e Berlin não era ainda candidata a centro financeiro internacional. Nova York, capital financeira dos países devedores, estava ainda pouco desenvolvida nesse sentido. Nos 20 anos seguintes, ao contrário, grandes instituições se desenvolveram em todos os grandes países europeus e nos EUA. O sistema-ouro se estendeu a todas as nações. Nesses anos, assistimos à transformação de um sistema monetário internacional baseado na certeza da paz, em outro que exprimia a espera da explosão de uma guerra de dimensões mundiais.

A Grande Depressão só era compreensível situada na dinâmica histórica de conjunto, não como um fenômeno aleatório. Para Trotsky,

> a curva do progresso econômico põe em evidência dois tipos de movimento: um, fundamental, que expressa a elevação geral; outro, secundário, que corresponde às flutuações periódicas constantes, relativas aos dezesseis ciclos de um período de 138 anos. Nesse tempo, o capitalismo viveu aspirando e expirando de maneira diferente, de acordo com as épocas. Desde o ponto de vista do movimento de base, quer dizer, desde o ponto de vista do progresso e decadência do capitalismo, a época de 138 anos pode dividir-se em cinco períodos: de

1783 a 1815, o capitalismo se desenvolve lentamente, a curva sobe penosamente; depois da revolução de 1848, que amplia os limites do mercado europeu, assistimos a uma volta muito brusca. Entre 1851 e 1873, a curva sobe de repente. Em 1873, as forças produtivas desenvolvidas chocam-se com os limites do mercado. Produz-se um pânico financeiro. Em seguida, começa um período de depressão que se prolonga até 1894. As flutuações cíclicas têm lugar durante esse tempo; porém a curva básica cai aproximadamente no mesmo nível. A partir de 1894, começa uma época nova de prosperidade capitalista, e até a guerra, a curva vai subindo com vertiginosa rapidez. No fim, o fracasso da economia capitalista no curso do quinto período tem efeito a partir de 1914.

Debates teóricos

Na ausência de uma teoria marxista geral sobre a época, que não faltava a autores liberais como Hobson, coube a Rudolf Hilferding formulá-la no seu *Capital Financeiro*, de 1910, onde se analisou de modo pioneiro a nova figura do capital, resultante da fusão entre o capital bancário e o capital industrial. No que diz respeito à crise, Hilferding sustentou que, se se produzisse nas proporções corretas, a produção poderia se ampliar infinitamente sem conduzir à sobreprodução de mercadorias. As crises não poderiam ser explicadas pelo consumo escasso. Hilferding atribuiu muita importância tanto aos movimentos acumulativos como aos efeitos dos desequilíbrios parciais das diferentes trocas de preços, dos momentos de atraso e dos fatores institucionais. Observou, por exemplo, o efeito de aumentos irregulares da oferta, os quais deviam ser atribuídos a longos prazos de maturação dos investimentos, e que multiplicavam, por sua vez, o perigo de investimentos exagerados quanto mais o desequilíbrio entre oferta e demanda durasse. Já havia, na obra de Marx (nas *Teorias sobre a Mais-Valia*) fragmentos claros que vinculavam a sobreprodução ao consumo ("A sobreprodução deriva precisamente do fato, que a média da população não pode consumir mais que a quantidade média dos meios de subsistência; que o seu consumo não cresce proporcionalmente à produtividade do trabalho"). A procura de um "equilíbrio dinâmico" do capitalismo a partir dos esquemas de reprodução de Marx não se justificava teoricamente, no entanto, a partir dele.

A grande depressão recolocou a questão do estatuto teórico da crise na teoria econômica. Para Fritz Sternberg,

> no capitalismo, o problema da reprodução em escala ampliada não pode se separar do fenômeno da crise. É evidente que a crise faz sua aparição como consequência da reprodução ampliada. Quando tem lugar a reprodução simples – como ocorreu durante séculos em estamentos econômicos pré-capitalistas (tanto no Egito como na

Índia, na China como na Europa e na Idade Média) – quer dizer, quando o plustrabalho é absorvido pelo consumo pessoal da classe dos senhores, a crise, que é específica do capitalismo, resulta impossível. Quando se produziam desequilíbrios no processo econômico, estes se originavam em fatores extra econômicos.

No entanto, no meio do auge econômico produzido pela consolidação do imperialismo, M. J. Tugan Baranowsky sustentou que: 1) O sistema capitalista não enfrentava problemas de realização e que, portanto, podia reproduzir-se de maneira ampliada de modo indefinido; 2) Posto que não existiam problemas de realização, as crises e os desequilíbrios deviam ser interpretados como simples "desproporções"; 3) Se o sistema se desenvolvesse, deviam ser consideradas falsas as outras teorias da crise que Tugan acreditava reconhecer na obra de Marx, a saber, a teoria da baixa tendencial da taxa de lucro e a teoria do subconsumo. Embora muito criticado, Tugan teve uma influência decisiva em toda uma geração de economistas marxistas, ao deduzir o equilíbrio tendencial do capitalismo da modificação dos esquemas de reprodução ampliada de Marx. A posição de Tugan encontraria partidários inclusive muitos anos mais tarde.

Para Otto Bauer, só a anarquia da produção (a ausência de plano) seria responsável pelas crises. Em

Kapitalismus und Sozialismus nach dem Weltkrieg (de 1931) colocou:

> Nenhum aperfeiçoamento das investigações sobre a conjuntura, das análises de mercado, da planificação no quadro de cada fábrica, pode estancar semelhante fonte, de onde emana uma enorme quantidade de elementos antieconômicos; pelo menos enquanto a própria sociedade não dirigir seus aparelhos produtivos, e não regular sua renovação e ampliação com base num plano social, uniformemente repartido por cada ano e proporcionalmente redistribuído por cada um dos ramos da produção.

Anos mais tarde (1936), em *Zwischen zwei Weltkriege?*, vincularia a queda da taxa de lucro à taxa de mais-valia:

> Quando a taxa de mais-valia já não aumenta, ou não aumenta o suficientemente rápido como para compensar o aumento da composição orgânica do capital, começa a descender a taxa de lucro social. Tão logo os capitalistas descobrem que a taxa de lucro desce, que os dividendos das sociedades por ações começam a baixar, se apresenta o desatre financeiro. A crise é verificada apenas quando começa a descer a taxa de lucro, tão logo ela tem que descer devido a que o aumento da composição orgânica do capital não pode ser já compensado pelo aumento de mais-valia.

Para a economista polonesa Natalie Moszkowska, mais radical nesse ponto de vista, em *Das Marxzche System* (de 1929) a queda tendencial da taxa de lucro simplesmente não existia. Mas, independentemente de citações isoladas, a estrutura interna da argumentação de Marx sobre as crises referia-se à queda da taxa de lucro, por sua vez decorrente das contradições da reprodução do capital. O máximo que seria possível dizer, neste plano, é que a economia capitalista está em equilíbrio quando a produção de bens de produção suscita uma demanda de bens de consumo igual à demanda de bens de produção, suscitada pela produção de bens de consumo, o que tem valor puramente lógico.

Nos artigos de *Die Neue Zeit* de 1901-1902, Karl Kautsky, máximo ideólogo da Internacional Socialista depois da morte de Engels, atacou as teorias de Tugan-Baranowsky, sem atacar, porém, a "teoria da desproporcionalidade" (como causa fundamental das crises) desse autor,[8] assinalando que

---

8 A desproporcionalidade é consubstancial a todo sistema econômico (inclusive a um imaginariamente socialista), pois não existe possibilidade de transmissão instantânea das respostas da demanda efetiva (mercantil ou não) e, mesmo que existisse, não existiria a possibilidade da recolocação instantânea dos fatores de produção. Em regime capitalista, isto se agrava, porque os investimentos são realizados por cada capitalista individual, de acordo com seus interesses particulares e mais imediatos,

toda produção tem por objetivo final a produção de bens de consumo. O equilíbrio, em si, careceria de significado prático, pois

> os capitalistas, e os trabalhadores que eles exploram, proporcionam, com o crescimento da riqueza dos primeiros e do número dos segundos, o que constitui certamente um mercado para os meios de consumo produzidos pela indústria capitalista; o mercado cresce,

apostando no ramo de produção que mais lhe assegure um retorno positivo, ou seja, uma mais elevada taxa de lucro. Investem sem que, para tanto, uma demanda efetiva seja assegurada para as mercadorias produzidas. Se a venda das mercadorias pelo seu valor não se verifica, ou apenas o faz em parte, os capitalistas não poderão recomeçar imediatamente o processo de produção em escala ampliada. A reprodução do capital é momentaneamente interrompida, possibilitando a erupção da crise. Para que a produção ampliada se efetue sem interrupção, é preciso que sejam constantemente reproduzidas certas condições de equilíbrio; é preciso que a oferta e a demanda recíproca de mercadorias sejam iguais entre os dois setores da produção capitalista (bens de consumo e bens de produção). Esta condição de equilíbrio, contudo, jamais se verifica na prática, exatamente por esbarrar na contradição acima apontada: o caráter da produção é social, porém as decisões de investir são tomadas individualmente, sem que haja coordenação ou planejamento central entre a produção e a demanda efetiva. Isto agrava um problema que, em maior ou menor medida, existiu nos sistemas de produção do passado e existirá naqueles do futuro.

porém, menos rapidamente do que a acumulação de capital e o aumento da produtividade do trabalho. A indústria capitalista deve, portanto, procurar um mercado adicional fora de seu domínio nas nações não-capitalistas e nas camadas da população em situação idêntica. Encontra tal mercado e se expande cada vez mais, porém não com a necessária velocidade... Dessa forma, cada período de prosperidade, que se segue a uma significativa ampliação do mercado, está destinado a uma vida breve, e a crise se torna seu fim necessário.

Chegaria, então, uma época em que

a superprodução será crônica para todas as nações industriais. Mesmo então, os altos e baixos da vida econômica são possíveis e prováveis; uma série de revoluções técnicas, que desvalorizam a massa dos meios de produção existentes exigem a criação em larga escala de novos meios de produção, a descoberta de novos campos auríferos ricos, etc., podem mesmo então, durante certo tempo, estimular o ritmo dos negócios. Mas a produção capitalista exige uma expansão ininterrupta, rápida, para que o desemprego e a pobreza dos operários, de um lado, e a insegurança do pequeno capitalista, de outro, não atinjam a uma tensão extrema. A existência continuada da produção capitalista perdura mesmo nesse estado de depressão crônica, mas se torna completamente intolerável para a massa da população; esta é forçada a procurar uma saída da miséria geral, e só pode encontrá-la no socialismo.

Esboçada esta teoria de uma "depressão crônica" como futuro do capital, Kautsky não foi muito além, o que justificou o comentário de Paul Sweezy:

> Kautsky foi pouco além da repretição dos conceitos de Marx sobre a dependência geral em que a produção está do mercado para os bens de consumo.

Darwinismo social e racismo: o fardo branco do Homem

A maior parte da população dos países imperialistas acreditava que a dominação colonial era justa e até benéfica à humanidade, em nome de uma ideologia do progresso etnocêntrica, baseada na ideia de que existiam povos – europeus – superiores a outros; o racismo e o darwinismo social interpretavam a teoria da evolução à sua maneira, afirmando a hegemonia de alguns pela seleção natural. *Essa foi a ideologia central da época.*

Os "darwinistas sociais" eram a variante mais resoluta daqueles que, com Herbert Spencer à cabeça, transpunham para a sociedade as (supostas) leis da evolução biológica. Presumiam que a sociedade estava condenada à luta eterna pela "sobrevivência dos mais fortes". Segundo Arno Mayer, em *A Força da Tradição*, "com o renascimento do estatismo, a ênfase da fórmula sincrética social-darwinista se deslocou da santificação da competição desregrada da economia e da política do *laissez-faire* para a justificação das lutas disciplinadas do imperialismo social, tanto a nível interno como externo. No final do século XIX, a luta organizada pela sobrevivência entre as nações eclipsou os conflitos desordenados no interior da sociedade. Essa transposição da disputa permanente da esfera nacional para a internacional coincidiu com uma grande transformação na concepção de mundo das classes dominantes e governantes: de um tradicionalismo confiante e flexível para um conservadorismo, pessimista e rígido.

> As antigas elites estavam preparadas para empregar a supremacia na política exterior para reforçar suas posições internas. Apoiadas pela casta guerreira poderiam, até, se declarar especialmente qualificadas para dirigir a guerra de todos contra todos na arena mundial, onde a vitória militar constituiria a suprema prova de aptidão. A segunda metade do século XIX foi rica em lições para as poucas grandes potências determinadas a lutar pela supremacia, mais do que pela mera sobrevivência. A conquista das Alemanhas pela Prússia, a ascendência do Piemonte na Itália e o triunfo do norte na Guerra Civil americana haviam validado recentemente a lei dos fortes. Por sua vez, a derrota da França em 1870, a rendição da Espanha

em 1898 e os malogros da Inglaterra na Guerra dos Bôeres mostraram as consequências da fragilidade e decadência nacionais. Os conflitos sociais, outrora glorificados como fonte e sinal de vigor, agora eram acusados de roubar a força externa da nação.[9]

---

[9] Certamente, não faltou ao darwinismo social uma expressão filosófica mais sofisticada, como já tinha acontecido com o *laissez-faire*. Segundo Mayer: "O darwinismo social justificou mais do que provocou o realinhamento europeu quanto a perspectivas e políticas. Proporcionou um apoio pseudocientífico para as antigas classes dominantes e governantes que vinham se reafirmando. O darwinismo social se adequava à sua mentalidade elitista, onde a ideia de desigualdade estava profundamente enraizada. Em sua concepção, homens eram desiguais por natureza, e o mesmo ocorria quanto à estrutura da sociedade, para sempre destinada a ser dirigida pela minoria dos mais aptos a governá-la. O darwinismo social e o elitismo brotaram de um único e mesmo solo. Ambos desafiavam e criticavam o Iluminismo do século XIX, e mais particularmente as pressões pela democratização social e política. O termo *elite*, carregado de valores, só se definiu como tal de forma plena no final do século XIX, e recebeu sua mais ampla e corrente aceitação em sociedades ainda dominadas pelo elemento feudal. Mas, por toda a Europa, as teorias da elite espelhavam e racionalizavam práticas predominantes correntes, ao mesmo tempo em que serviam como arma na batalha contra o nivelamento político, social e cultural. Nietzsche foi o menestrel-mor dessa batalha. Não obstante as contradições e elipses propositadamente provocadoras de seus textos, seu pensamento era coerente e consistentemente antiliberal, antidemocrático e antissocialista. Nietzsche era

As bases reais do imperialismo, no entanto, residiam, como dizia Hobson, no "excesso de capital em busca de investimento" e nos "recorrentes estrangulamentos do mercado". O imperialismo europeu transformara a Europa em uma área dominada por

> um pequeno grupo de aristocratas ricos, que tiram suas rendas e dividendos do Extremo Oriente, junto com um grupo um pouco mais numeroso de funcionários e comerciantes, e um grupo maior ainda de criados, trabalhadores de transportes e operários das indústrias manufatureiras. Desaparecem então os mais importantes ramos industriais, e os alimentos e semi-elaborados chegam como tributo da Ásia e África.

Hobson considerava que uma perspectiva de "federação europeia", neste caso,

> não apenas não faria avançar a obra da civilização mundial, como apresentaria o gravíssimo risco de

---

um social darwinista inveterado, e do tipo pessimista e brutal. Para ele, o mundo era um lugar de luta permanente, não só pela mera existência ou sobrevivência, mas também pela dominação, exploração e subjugação criativas". No início do século XX, Leon Trotsky foi o primeiro marxista a criticar, de modo sintético e com frescor e ironia sarcásticas, as teorias elitistas nietzscheanas, cujo sucesso, no mundo intelectual, Trotsky qualificou de passageiro.

um parasitismo ocidental, sob o controle de uma nova aristocracia financeira.

Do liberal Hobson ao marxista Lênin (passando por diversos outros autores) foi enfatizada a base econômica (capitalista) do imperialismo finissecular. A relação entre a Bolsa (as companhias capitalistas), a partilha colonial, e o desenvolvimento do capital financeiro, foi o eixo da interpretação objetiva do novo imperialismo. Os aspectos políticos (nacionalistas) e ideológicos (racistas ou etnocêntricos) eram considerados conseqüência, e não causa, do fenômeno.[10]

Os números da colonização, vistos nos quadros e tabelas precedentes, não cabalmente expressam sua realidade espantosa, em especial no (racistamente) chamado "continente negro". A catástrofe africana já começara no Antigo Sistema Colonial, com a conquista

---

10 As consequências bélicas do imperialismo levariam o racismo (forma extrema do darwinismo social) à sua conclusão lógica em termos históricos: o genocídio. Armênios e judeus, na Eurásia, foram as vítimas de uma tendência mundial que, mais silenciosa, vicejou na África dos holocaustos coloniais estudados por Mike Davis, no livro de mesmo nome. Em A Era dos Extremos, Eric Hobsbawm tentou explicar o aumento da dimensão dos massacres no século XX a partir da disseminação de uma cultura da violência e do desprezo pela vida dos outros, que teria sido gerada pela Primeira Guerra Mundial, a qual teria acostumado à população européia a ser indiferente às carnificinas sistemáticas.

da cidade de Ceuta, no norte da África, em 1415, estendendo-se em seguida, pela costa africana, e transformando a sua população negra, nos séculos posteriores, na principal *commodity* da economia mundial. A população da África "negra" era, no final do século XIX, de três a quatro vezes menor do que no século XVI. A conquista colonial capitalista (com uso de artilharia contra, no máximo, fuzis dos povos coloniais), o trabalho forçado multiforme e generalizado, a repressão das numerosas revoltas por meio do ferro e do fogo, a subalimentação, as diversas doenças locais, as doenças importadas e a continuação do tráfico negreiro oriental, reduziram ainda mais a população que baixou para quase um terço.

A história colonial de Leopoldo II, rei da Bélgica (1835-1909), no Congo, expõe um dos genocídios mais sangrentos da era contemporânea. Na Europa, Leopoldo disfraçava sua "obra" de uma auréola de altruísmo, defesa do livre comércio e luta contra o comércio de escravos, mas, na África, expropriava os povos locais de todas suas terras e recursos, com seu exército privado, que submetia à população a trabalhos forçados. A crueldade repressiva incluía assassinatos, violações, corte de partes do corpo e decapitações. 10 milhões de congoleses, estimadamente, perderam a vida entre 1885 (ano do reconhecimento internacional do "Livre Estado do Congo" [sic]) até 1908 (alguns autores elevam a cifra até 20 milhões). Leopoldo morreu em 1909; durante seu reinado a população do Congo se reduziu, estimadamente, em dois terços (de 30 para nove milhões de habitantes).

A devastação da população do mundo colonial e semicolonial combinou a violência direta e a "indireta" (a dizimação populacional como resultado da marginalização social), o que levou Mike Davis a se perguntar pela razão de que, no século em que a fome desaparecera para sempre da Europa ocidental, ela "aumentou de forma tão devastadora em grande parte do mundo colonial? Do mesmo modo, como pesarmos as presunçosas afirmações sobre os benefícios vitais do transporte a vapor e dos modernos mercados de grãos, quando tantos milhões, sobretudo na Índia britânica, morreram ao lado dos trilhos das ferrovias ou nos degraus dos depósitos de grãos? E como explicarmos, no caso da China, o drástico declínio na capacidade do Estado de proporcionar assistência social popular, em especial no socorro à fome, que pareceu seguir a passo travado a forçada "abertura" do império para a modernidade pela Grã-Bretanha e as outras potências... Não estamos tratando de "terras de fome" paradas nas águas estagnadas da história mundial, mas do destino da humanidade tropical no exato momento (1870-1914) em que sua mão-de-obra e seus produtos eram dinamicamente recrutados para uma economia mundial centralizada em Londres. Milhões morreram, não fora do "sistema mundial moderno", mas exatamente no processo de violenta incorporação nas estruturas econômicas e políticas desse sistema.

Morreram na idade de ouro do capitalismo liberal; na verdade, muitos foram assassinados, pela aplicação teológica dos princípios sagrados de Smith, Bentham e Mill. Mas o único historiador do século XX que parece ter claramente compreendido que as grandes fomes vitorianas (pelo menos, no caso indiano) eram capítulos integrais na história da modernidade capitalista foi Karl Polanyi, em seu livro de 1944, *The Great Transformation*. "A verdadeira origem das fomes nos últimos cinquenta anos", escreveu, "foi a livre comercialização de grãos, combinada com a falta de rendimentos locais".

A fúria da conquista colonial, que teve em considerações racistas de "superioridade civilizacional" seu principal alicerce ideológico (até setores da Internacional Socialista, confinada basicamente à Europa, admitiam a expansão colonial em nome da "obra civilizadora" de seus países, e se definiam, como o alemão Eduard David, "socialimperialistas") produziu vítimas em número maior aos holocaustos europeus do século XX, e fez também nascerem movimentos de resistência, que, finalmente, incorporaram os povos coloniais à luta política mundial contemporânea.[11] Segundo o já citado Davis:

---

11 No fundo, a isso se restringiu a progressividade do colonialismo capitalista contemporâneo.

Cada seca global foi o sinal verde para uma corrida imperialista pela terra. Se a seca sul-africana de 1877, por exemplo, foi a oportunidade de Carnarvon para atacar a independência zulu, a fome etíope de 1889-91 foi o aval de Crispi para construir um novo Império Romano no Chifre da África. Também a Alemanha guilhermina explorou as inundações e a seca que devastaram Shandong no final da década de 1890 para expandir agressivamente sua esfera de influência no norte da China, enquanto os Estados Unidos, ao mesmo tempo, usaram a fome e a doença causadas pela seca como armas para esmagar a República das Filipinas de Aguinaldo. Mas as populações agrícolas de Ásia, África e América do Sul não entraram tranquilamente na nova Ordem Imperial. As fomes são guerras pelo direito de existência. Embora a resistência à fome na década de 1870 (à parte o sul da África) fosse esmagadoramente local e turbulenta, com poucos casos de organização insurrecional mais ambiciosa, sem a menor dúvida teve muito a ver com as recentes lembranças do terror de estado da repressão do Motim Indiano e da Revolução de Taiping. A década de 1890 foi uma história inteiramente diferente, e os historiadores modernos têm estabelecido com muita clareza a contribuição da seca/fome na Rebelião dos Boxers, no movimento coreano de Tonghak, na sublevação do Extremismo Indiano e na Guerra de Canudos brasileira, além de inúmeras revoltas no leste e no sul da África. Os movimentos milenaristas que varreram o futuro "terceiro mundo" em fins do século XIX extraíram grande parte de sua ferocidade e escatológica da agudeza dessas crises de subsistência e ambientais.

Na "era do imperialismo", no entanto, não houve convergência entre a resistência dos povos coloniais e a luta do proletariado metropolitano. A maioria da classe operária das metrópoles achava que poderia tirar vantagem da conquista colonial (e, de fato, tirava-as, pelo menos suas camadas mais bem posicionadas, que foram denominadas de "aristocracia operária"). O exemplo dos exilados franceses da Comuna de Paris, confinados pelas autoridades na Nova Caledônia, e que ali se opuseram à luta do povo local pela sua independência, é talvez o exemplo mais acabado de um drama histórico que só começaria a ser superado no século XX, com a vitória da Revolução de Outubro, e o chamado da Internacional Comunista à unificação da luta dospovos coloniais com a luta de classe dos operários das metrópoles imperialistas.[12]

Impérios em colisão

Hobson também se referiu ao novo imperialismo japonês. Em inícios do século XX já era clara a percepção do fato de que o crescimento da potência

---

12 Fato que, por si só, já justificaria historicamente a existência da Internacional Comunista, qualquer que fosse seu destino ulterior.

imperialista do Japão ia incidir profundamente no curso da história, com suas próprias características específicas e muito além das convencionais considerações militaristas ou ideológicas:

> Este novo capítulo da história mundial muito depende da capacidade japonesa de manter sua própria independência financeira. Superada uma primeira fase de dependência, a grande potência industrial do Extremo Oriente pode rapidamente lançar-se sobre o mercado mundial como o maior e mais válido competidor na grande indústria mecânica, conquistando primeiro o mercado asiático e o Pacífico e logo invadindo os mercados ocidentais – empurrando assim estas nações a um protecionismo mais rígido.

Mas a principal consequência do imperialismo foi acirrar as disputas entre as potências europeias. Até 1870, a única potência realmente *mundial* fora a Inglaterra, que possuía um império que começou a ser erguido no século XVII, com uma marinha cada vez mais eficiente, e uma política econômica liberal a partir de meados do século XVIII. A condição histórica que diferenciava o país era que a burguesia havia feito uma revolução vitoriosa, que lhe permitiu criar condições institucionais favoráveis. Depois das revoluções do século XVII, a Inglaterra consolidou-se como um império colonial. A sua localização, na parte ocidental da Europa, facilitava seu acesso às principais rotas de comércio internacional, e permitia conquistar mercados ultramarinos. Através da guerra dos sete anos (1756-1763) tomou colônias francesas na América, Ásia e África; assinou tratados vantajosos com Portugal (Methuen, 1703) e com a Espanha (Utrecht, 1713). Pôde então contar com um mercado externo em crescimento, depois das independências dos países latino-americanos e da abolição da escravidão no século XIX, além da sua penetração na Índia e na China. A Europa oriental era um mercado consumidor de produtos ingleses.[13]

---

13 Até meados do século XIX, o mundo tinha, na Grã-Bretanha, sua única oficina mecânica, seu único importador e exportador em grande escala, seu único transportador, seu único país imperialista e seu único grande investidor estrangeiro; sua única potência naval e o único país que possuía uma *política mundial*. A moderna economia mundial foi edificada em torno dela. A burguesia industrial foi impondo suas reivindicações econômicas contra a velha aristocracia, na forma do liberalismo econômico: a polêmica envolvendo as elites agrárias e industrial terminou com a aprovação, em 1846, pelo Parlamento, de leis que eliminavam o protecionismo econômico e instituíam o livre-câmbio, levando à vitória do capitalismo. O impacto do colonialismo inglês foi diferenciado: criou um novo país (os EUA), mudou completamente outros (a Índia e os países africanos), mudou bastante a América Latina, quase não mudou a China, além de um impacto econômico limitado. A cultura, os hábitos e esportes ingleses (futebol, rugby,

No último quartel do século XIX, tornou-se comum a idéia de que cada país devia transformar-se em uma potência mundial, vinculada com o prestígio da nação, o equilíbrio político europeu, e a influência que a nação podia e devia exercer no mundo. Desde 1870, quando Itália e Alemanha concluíram sua unificação nacional, a concorrência internacional e as relações entre os países se tornaram mais complexas. Surgiram grandes blocos de poder. Os Estados, levados a uma concorrência política crescente com os vizinhos, estabeleceram alianças para evitar o isolamento. A primeira aliança internacional foi a austro-alemã de 1879, que se transformou em *Tríplice Aliança* em 1882, com o ingresso da Itália. A França, isolada, buscou seus próprios aliados: primeiro a Rússia, com a qual firmou uma aliança em 1894, e em seguida, em 1904, a Grã-Bretanha. Finalmente o acordo anglo-russo de 1907 fez surgir a *Entente Cordiale*. Os blocos beligerantes da I Guerra Mundial estavam já formados. A formação de um império colonial por parte de um país foi vista como instrumento de força e prestígio que podia romper o equilíbrio entre as potências. Um exemplo disto foi a disputa pelo Egito entre Grã-Bretanha e França.

As potências chegadas tardiamente na corrida colonial enfatizaram, política e ideologicamente, a ideia de sua superioridade nacional. Em 1894 criou-se a Liga

---

críquete) invadiram o mundo (o *football* e o beisebol americanos são variantes dos dois últimos).

Pan-Germânica *(All-Deutscher Verband)*. Começou por reivindicar os territórios em que se falava alemão, ou um dialeto germânico: teoria da *Muttersprache* (língua materna) e, depois, dos territórios que no passado tinham sido "alemães" (teoria da "Grande Alemanha"), mas já se manifestava também a teoria do *povo eleito*: "Somos o povo mais capaz em todos os domínios do saber e das belas artes. Somos os melhores colonos, os melhores marinheiros, e mesmo os melhores comerciantes; e, todavia, não conseguimos alcançar a nossa parcela na herança do mundo, porque não queremos aprender a ir buscar à história as lições salutares. Que o Império Alemão seja, não o fim, mas o inicio da nosso desenvolvimento nacional!", escrevia Fritz Sely, em *Die Weltstellung des Deutschtums* (A Situação Mundial do Poder Alemão) de 1897.

A alteração sofrida pelo conceito de Estado conciliador, baseado no ideário liberal, acompanhou o fim do capitalismo da livre concorrência. No capitalismo monopolista a ideologia prevalecente passou a ser a que assegurava à própria nação o domínio internacional. A expansão do capital era justificada ideologicamente pelo desvio conceitual da ideia de nação, onde uma poderia sobrepujar outras por considerar-se "eleita" entre as demais. Embutida nesta afirmação, e acompanhando o próprio desvio conceitual, surgiu a noção de *realidade natural*, fundamentada na afirmação "cientifica" da superioridade racial. A "nação" imperialista pavimentava o caminho do Estado racista (do qual o nazismo chegou a ser o exemplo acabado), ou, como disse Trotsky,

> para elevar à nação por cima da história, deu-se lhe o apoio da raça. A história passou a ser considerada como uma emanação da raça. E as qualidades da raça são construídas de modo independente das condições sociais.

Os conflitos interimperialistas não pouparam as potências coloniais dominantes. A principal rivalidade anglo-francesa ocorreu na Indochina. Os ingleses, procurando garantir seu império indiano, avançaram para o leste (Birmânia), e na Malásia para o norte. Os franceses, tentando chegar à China, ocuparam sucessivamente o Camboja, a Cochinchina, o Anã, o Tonquim e o Laos; à medida que se instalavam, seus interesses fixaram-se na exploração dos recursos naturais: minerais, carvão, seda, arroz, etc. Os rivais defrontaram-se no Sião (Tailândia), sendo a disputa resolvida pelos acordos de 1896 e 1907 que estabeleceram áreas de influência na região.

A rivalidade anglo-russa, por sua vez, tinha sido uma constante na questão relativa ao Império Otomano. Essa rivalidade se refletiu na Ásia devido à decisão russa de expandir-se na Ásia Central (Turquestão) na década de 1880, aproximando-se assim das fronteiras da Índia, principal colônia inglesa. Em reação, Inglaterra impôs um quase protetorado ao Afeganistão, que se constituiu assim num Estado-tampão entre as duas potências. A tensão levou à iminência de uma guerra anglo-russa, provisoriamente sufocada.

A rivalidade russo-japonesa pela supremacia na bacia do Pacífico eclodiu na guerra russo-japonesa de 1905, vencida pelo Japão. A guerra concluiu com o Tratado de Portsmouth (em New Hampshire, nos EUA), a 5 de agosto de 1905. Os EUA estavam inquietos com os progressos do império japonês no Pacífico, que banhava toda sua costa ocidental. Os EUA inauguraram, com a mediação do presidente Theodore Roosevelt, sua ascensão como potência com aspirações mundiais. Com sua intervenção na guerra hispano-americana (1898) e na ocupação das Filipinas, na repressão à revolta *boxer* na China (1902), e sua arbitragem no conflito russo-japonês, desenhavam-se as bases do imperialismo norte-americano. A vitória sobre a Rússia permitiu ao Japão, por sua vez, ascender à categoria de potência mundial: o seu governo investiu na indústria militar; o imperialismo japonês se desenvolveu ainda mais.

Na Europa, contra Alemanha, França agitava a questão da Alsácia-Lorena para preparar sua opinião pública para uma guerra (no fundo, uma disputa franco-germânica pelo Norte da África). A Inglaterra, principal potência colonial, pretendia manter o *status quo*, aparecendo como defensor da paz (britânica). A Rússia advogava a questão nacional, de olho no iminente desmembramento do obsoleto Império Otomano. Itália, potência menor, reivindicava territórios do decadente império (austríaco) dos Habsburgo, e alguns despojos do próprio Império Otomano (a *Entente* lhe ofereceu o Trentino, Trieste e a Valônia). A perspectiva de uma guerra europeia (que, pela extensão dos interesses coloniais das potências, seria mundial) era já visível em finais do século XIX, sendo denunciada em março de 1897 no parlamento francês pelo deputado republicano-socialista Jean Jaurès: "Por toda parte os orçamentos da guerra expandem-se e crescem de ano para ano; e a guerra, por todos amaldiçoada, por todos temida, por todos condenada, pode rebentar sobre todos de um momento para o outro". Embora potente, a voz de Jaurès era quase isolada:[14] o período que foi do final do século XIX à Grande Guerra ficou conhecido como a *belle époque*, uma espécie de *fuite en avant*, diante das perspectivas sombrias que se desenhavam no horizonte histórico.

A tendência para a guerra mundial não era, portanto, mais aleatória do que a própria crise econômica. A contradição entre o desenvolvimento mundial das forças produtivas capitalistas e o estreito marco dos Estados nacionais era a forma em que a crise capitalista assumia dimensões mundiais. Ela não dizia respeito apenas aos "pequenos Estados"

---

14 O pacifismo inglês era a defesa do *status quo ante*, e era puramente verbal (pois a Inglaterra, tanto quanto as outras potências europeias, armava-se).

(*Kleinstaaterei*), mas, sobretudo, aos grandes: a guerra "europeia" seria, por isso, a primeira guerra mundial. A tendência básica da crise do capital (a superprodução de mercadorias e capitais) tendia a ser contrabalançada pela exportação de capitais: com o entrelaçamento crescente entre monopólios e Estado, a concorrência capitalista, no plano mundial, se transformava numa concorrência entre Estados e na sua decorrência lógica, a guerra. Esta, porém, não era inevitável: exigia uma série de condições políticas internas em cada país que, de modo diverso, estavam preenchidas em 1914 nos principais países beligerantes.[15]

Quando a guerra de fato explodiu, não era, portanto, sobre terreno virgem que Lênin andava para afirmar:

> A guerra europeia, preparada durante dezenas de anos pelos governos e partidos burgueses de todos os países, rebentou. O crescimento dos armamentos; a exacerbação da luta pelos mercados, no atual estágio imperialista de desenvolvimento dos países capitalistas avançados, os interesses dinásticos das

---

15 Uma delas, decisiva, seria a capitulação política dos poderosos partidos operários e socialistas diante da pressão belicista dos governos europeus, o que aconteceu definitivamente - (com exeções nacionais importantes) em agosto de 1914, quando aconteceu a falência histórica da Internacional Socialista.

monarquias mais atrasadas – as da Europa Oriental – tinham de, inevitavelmente, conduzir à guerra, e conduziram. Apoderar-se de territórios, e subjugar nações estrangeiras, arruinar a nação concorrente, pilhar as suas riquezas, desviar a atenção das massas laboriosas das crises políticas internas da Rússia, da Alemanha, da Inglaterra e de outros países, dividir e iludir os operários com a mentira nacionalista, dizimar a sua vanguarda para enfraquecer o movimento revolucionário do proletariado; tal é o único conteúdo real, o verdadeiro significado da guerra atual. A burguesia alemã encontra-se à cabeça de um dos grupos de nações beligerantes. Engana a classe operária e as massas laboriosas, garantindo que faz a guerra para defender a pátria, a liberdade e a cultura, para libertar os povos oprimidos pelo czarismo, para destruir o czarismo reacionário.

A Guerra Mundial só poderia ser entendida como revolta das forças produtivas sociais contra o quadro, tornado historicamente estreito, das relações capitalistas de produção e dos Estados nacionais, que abria a era histórica da revolução socialista, em escala mundial.

Bem depois, ao lado dessa interpretação, e em concorrência com ela, desenvolveu-se uma literatura e uma historiografia que enfatizaram as responsabilidades alemãs (ou francesas) na deflagração da guerra, deslocando a análise objetiva da estrutura histórica para a análise subjetiva dos motivos imediatos (reais ou imaginários) de seus protagonistas. Esse tipo de interpretações, de caráter principalmente jurídico, foi a base para uma abundante história diplomática e militar, que não deixou de dar contribuições importantes sobre aspectos parciais, mas que não foi capaz de apresentar uma interpretação global, que vinculasse, em um todo coerente (estrutural), crise (depressão) econômica, expansão colonial, exportação de capital, disputas geopolíticas, nacionalismo racista e guerra mundial, como fez a linha interpretativa inaugurada por Hobson e concluída criticamente por Lênin em O *Imperialismo, Fase Superior do Capitalismo*, entre 1902 e 1916, em que foram lançadas as bases de análise da etapa histórica dos monopólios imperialistas.

A guerra mundial iniciada em 1914 assinalou o fim da *Pax Britannica*, que dominou o mundo durante um século (1815-1914), e foi o berço do capitalismo contemporâneo, no qual, depois de duas tentativas fracassadas da Alemanha (imperial e nazista), os EUA ocupariam o lugar dominante no século XX, substituindo sua antiga potência colonizadora. Mas os próprios EUA seriam, na década de 1930, o centro de uma nova depressão mundial, de alcance e profundidade muito maiores do que a precedente.

A Crise de 1929 e a Segunda "Grande Depressão"

Comentando a chamada "crise financeira" de 2008, a revista inglesa *The Economist* disse que, substituindo as palavras "ações" e "ativos" por "casas", qualquer descrição da crise econômica de 1929 poderia ser usada para a crise atual. As semelhanças, de fato, saltam aos olhos: os bancos, assim como na crise de 1929, passaram a rejeitar emprestar dinheiro com casas em garantia (ao invés de ações em 1929), e com isso muitos passaram a vender suas casas para pagar as hipotecas, pois não estavam conseguindo pagá-las. Com as casas caindo de preço estourou a "bolha imobiliária", num curto espaço de tempo. Mas *The Economist* tranquilizou também seus leitores: entre 1929 e1933, o PIB americano caiu mais de um quarto, o que, hoje, estaria descartado; o desemprego chegou, na década de 1930, até 25% (com muitos dos empregados trabalhando em tempo parcial – e recebendo salário também parcial), hoje só poderia chegar, no máximo, até 10%. Mas, se é impossível prever exatamente os efeitos econômicos de uma crise capaz de superar os maiores "pânicos" do século XX (em 1907 e 1929), a análise não pode se limitar aos aspectos "econômicos" da crise de 1929, ignorando suas consequências sociais, políticas (o *New Deal*... e o nazismo) e bélicas (a Segunda Guerra Mundial).

A depressão econômica da década de 1930 causou altas taxas de desemprego, quedas drásticas do PIB na maioria dos países, bem como na produção industrial, nos preços de ações e títulos públicos, e em praticamente todo medidor de atividade econômica. Durante essa década o volume do comércio mundial caiu como nunca em qualquer depressão precedente. Houve isolamento relativo das grandes economias nacionais e a formação de blocos econômicos (cujo enfrentamento conduziria à Segunda Guerra Mundial). Durante a guerra, os gastos armamentistas impulsionaram a recuperação econômica, que se prolongou no pós-guerra (a produção de automóveis, por exemplo, voltaria aos patamares de 1929, porém somente em 1949).

Volume do PIB de alguns países entre 1921 e 1939 (base: 1913= 100)

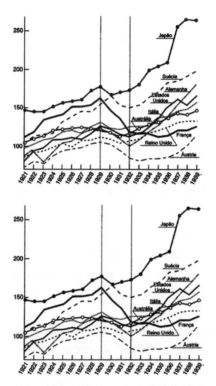

A analogia histórica é útil apenas como subsídio para entender a especificidade de cada situação concreta. O epicentro da crise de 1929 foram os EUA, como hoje, mas por razões diversas das atuais: naquele ano, os EUA culminavam um período histórico de ascensão como potência capitalista mais avançada. Entre 1870 e 1929, o produto industrial dos EUA quadruplicou: massas enormes de capitais e tecnologia avançada explicam isso. Mas também a excepcional disposição de força de trabalho, de origem rural inicialmente (devido às dificuldades crescentes da pequena produção agrícola); depois imigratória. A chegada de estrangeiros foi de 700 mil (1820-1840); 4,2 milhões (1840-1860); 2,81 milhões (1870-1880, a década posterior à "guerra de secessão"); 5,43 milhões (1880-1890) e 3,69 milhões (1890-1900). O movimento ascendente atingiu o ápice no início século XX: 8,8 milhões (1900-1910), e começou a cair depois: 5,74 milhões em 1910-1920.

Afora a obra de Marx (quase desconhecida, à época, nos meios universitários) já existia alguma acumulação teórica acadêmica acerca dos ciclos econômicos,[1] ou "crises cíclicas", firmada na observação de crises repetidas, caracterizadas por movimentos gerais de preços-ouro:[2] alta seguida

---

1 O ciclo dos negócios proposto por Schumpeter consolidou os debates acadêmicos a respeito. A trilogia proposta por este autor para caracterizar os ciclos econômicos tornou-se, para muitos, quase um artigo-de-fé: os ciclos Kitchner (40 meses), Juglar (dez anos) e Kondratiev (50 anos).

2 A teoria pioneira do padrão-ouro, chamada de teoria quantitativa da moeda, foi elaborada por David Hume em 1752, sob o nome de modelo de fluxo de moedas metálicas e destacava as relações entre moeda e níveis de preço (base dos fenômenos da inflação e deflação). Nesse padrão, cada banco era obrigado a converter as notas bancárias por ele emitidas em ouro (ou prata), sempre que solicitado pelo cliente. Durante a Primeira Guerra Mundial, a maioria dos países abandonou o padrão-

de baixa, num contexto em que os movimentos econômicos se faziam praticamente sem obstáculos. As crises do século XIX se manifestavam, primeiro, em uma vigorosa baixa dos preços. As empresas industriais reagiam baixando os salários, e assim restabeleciam o seu equilíbrio num nível inferior; era a fase de "depressão", ou de liquidação da crise. A partir desse momento a defesa da taxa nominal

---

ouro, que vigorara durante todo o século XIX, devido às expansões monetárias e fiscais realizadas durante a guerra, que desequilibraram o comércio internacional. No retorno ao padrão, o sistema consistia, basicamente, na adoção, por parte das instituições financeiras de cada país, de um preço fixo de sua moeda em relação ao ouro. Desse modo, as autoridades deveriam exigir dos bancos e demais instituições monetárias que negociassem seus passivos respeitando esse preço fixo em relação ao ouro, como forma de estabilizar a economia. Em termos internacionais, o padrão-ouro significou a adoção de um regime cambial fixo por parte de praticamente todos os grandes países comerciais. Cada país se comprometeu em fixar o valor de sua moeda em relação a uma quantidade específica de ouro, e a realizar políticas monetárias, de compra e venda de ouro, de modo a preservar tal paridade definida. Operando no regime de padrão-ouro, o banco central de cada país manteria grande parte de seus ativos de reserva internacional sob a forma de ouro. A diferença entre as reservas de ouro sob a propriedade de cada país refletia, portanto, as suas necessidades comerciais. Os fluxos de ouro financiavam os desequilíbrios no balanço de pagamentos de cada país.

dos salários passava a ser uma das motivações mais poderosas da ação operária.

As crises cíclicas eram mais graves e demoradas quando se inscreviam em prolongados movimentos de baixa dos preços, também expressos em ouro.[3]

Se um país fosse deficitário em sua balança de pagamentos, isto é, se a soma de bens e serviços importados do exterior fosse superior à soma de bens e serviços exportados ao mesmo, o país deveria corrigir o déficit exportando ouro. Os países superavitários, por sua vez, tornavam-se importadores de ouro. As regras do jogo prevalecentes no sistema de padrão-ouro eram simples: a quantidade de reservas de ouro do país determinava a sua oferta monetária. Se um país fosse superavitário em sua balança de pagamentos, deveria importar ouro dos países deficitários. Isso elevaria sua oferta interna de moeda, levando a uma expansão da base monetária, o que provocaria um aumento de preços que, no final das contas, tiraria competitividade de seus produtos nos mercados internacionais, freando assim, novos superávits. Já se o país fosse deficitário na balança comercial, exportaria ouro, sofreria contração monetária, seus preços internos baixariam e, no final das contas, aumentaria a competitividade de seus produtos no exterior. Em resumo, o padrão-ouro visava supostamente uma situação de equilíbrio na economia internacional de modo que cada país mantivesse uma base monetária consistente com a paridade cambial, mantendo assim uma balança comercial equilibrada.

3   Os movimentos prolongados dos preços levaram à teoria dos ciclos longos, tributária da teoria das ondas longas da economia, elaborada nos anos 1920 pelo economista

soviético Nicolai Kondratiev. A teoria deu lugar a um amplo debate, encerrado abruptamente por volta de 1930, por Stalin: Kondratiev foi enviado para a Sibéria, morrendo logo depois. Marx tinha estudado os ciclos da produção capitalista, concluindo que as crises produzidas a cada período de sete a onze anos deviam-se às contradições próprias desse modo de produção, que geravam sobreacumulação de mercadorias e capitais. A estes ciclos médios, Kondratiev sobrepôs as ondas longas, vinculadas a inovações tecnológicas em grande escala dependentes, por sua vez, do período de vida dos bens de capital duradouros (aproximadamente 50 anos). O capitalismo conheceria, assim, ciclos longos de expansão e contração a longo prazo, com a duração apontada. Kondratiev estudou as condições econômicas para a realização das mudanças do padrão tecnológico: Os grandes investimentos requerem importantes somas de capital para empréstimos. Daí que as seguintes condições devam cumprir-se necessariamente antes que se possa iniciar a ascensão de uma onda longa: 1) uma propensão à poupança; 2) oferta relativamente grande de capital de empréstimo a baixos juros. Kondratiev chegou a teorizar que as invenções (condições para a renovação tecnológica) também se produzem por ondas: a relação *inovação tecnológica/condições econômicas* condicionaria assim a totalidade do desenvolvimento econômico-social. Para comprovar tais teses, Kondratiev elaborou longas séries estatísticas (salários, poupanças, preços, produção de matérias-primas, ouro, comércio exterior etc.) nacionais e internacionais, que julgou suficientes para dar base científica à sua teoria, identificando ondas de crescimento nos períodos 1789-1823 e 1894-1914: os intervalos corresponderiam a ondas decadentes. A maioria dos economistas soviéticos da época rejeitou tanto a teoria quanto a sua base empírica.

O problema era que, a partir de 1914, na maioria dos grandes países, os preços eram expressos em moedas desligadas do ouro (nos EUA eles eram ainda expressos numa moeda-ouro) e em muitos deles, depois de 1919, houve elevações rápidas

> Na crítica de Trotsky a Kondratiev, aquele afirmou: "No que diz respeito às fases longas (50 anos) da tendência da evolução capitalista, para as quais Kondratiev sugere, sem fundamento, o nome de ciclos (ou ondas), cabe destacar que o seu caráter e duração estão determinados, não pela dinâmica interna da economia sob o capitalismo, mas pelas condições externas que constituem a estrutura da evolução capitalista. Trotsky propôs elaborar a curva do desenvolvimento capitalista, incorporando seus elementos não periódicos (tendências básicas) e periódicos (recorrentes). Temos de fazer isso para que os países que nos interessam e para o conjunto da economia mundial. Para Trotsky, ao se tentar estabelecer um ciclo longo para cada país separadamente, toda a coisa viraria pó. O ciclo de Marx, pelo contrário, pode ser confirmado como um todo para cada país separadamente. Isso porque Marx teve sucesso em discernir a regularidade no padrão de ciclos curtos, toda vez que eles eram consequência das contradições internas do capitalismo." Antes de se falar em ciclos longos regulares dever-se-ia lembrar a existência de um regulador interno: sem isto, os ciclos longos obscureceriam a diferença entre ciclos periódicos e períodos históricos separados, negando a entrada do capitalismo num período de decadência histórica e colocando a sua infinitude através de uma suposta (mas não demonstrada) tendência para a sua auto-regulação no longo prazo.

de preços internos, no mesmo momento em que os preços-ouro mundiais estavam, aparentemente, orientados para a baixa.[4] Como, nessas condições, determinar o movimento real dos preços?

---

[4] As primeiras teorias acerca das causas da crise de 1929 indicaram a decisão do premiê Winston Churchill de que o Reino Unido usasse novamente o padrão-ouro em 1925, o que causou massiva deflação no Império Britânico (em abril de 1925, o chanceler, respondendo a um conselho do Banco da Inglaterra, fixou o valor da moeda nacional ao ouro à taxa pré-guerra, de 4,86 dólares. Isto fez o valor da moeda britânica conversível ao seu valor em ouro, mas causou também o encarecimento dos produtos exportados pelo Reino Unido a outros países; a recuperação econômica do Reino Unido caiu drasticamente, o que causou redução de salários no país inteiro), o retrocesso do comércio internacional, a aprovação da Tarifa Smoot-Hawley, que aumentou os impostos de cerca de 20 mil produtos nos EUA, a política da Reserva Federal dos Estados Unidos da América, e outras medidas conjunturais. Peter Temin propôs que a Grande Depressão foi causada por uma política monetária mal planejada pela Reserva Monetária dos EUA, nos anos que a precederam. A política de reduzir as reservas monetárias foi uma tentativa de reduzir uma suposta inflação, o que de fato somente agravou o principal problema na economia americana à época, que não teria sido a inflação, e sim a deflação. Em 1929, os EUA ainda usavam o padrão-ouro. Com seguidos déficits em sua balança comercial, os EUA tinham que transferir ouro para outros países. Com menos reservas em ouro, eram obrigados então a reduzir a quantidade de moeda na economia. Isso levou a uma brutal queda na liquidez

A "bolha especulativa" dos preços fora o primeiro sinal. Nas análises conjunturais, a partir de março de 1928, iniciou-se o *boom* "puramente especulativo". A lei da oferta e da procura regeria a Bolsa, mas John K. Galbraith afirmou que a influência de algumas grandes firmas foi decisiva.[5] As declarações

---

da economia americana. O Banco Central americano (FED), criado para evitar problemas de liquidez, ao invés de aumentar a liquidez do sistema, optou por reduzi-la, *et voilà pourquoi vôtre fille est muette*. Segundo Temin, a economia dos EUA passou da recessão para a depressão com o segundo movimento errado do governo: restrições ao comércio internacional (com a ideia de melhorar a situação das empresas americanas) e maior poder de barganha aos sindicatos (com a ideia de melhorar a situação dos trabalhadores). As políticas públicas americanas (destinadas a aliviar os efeitos da crise) teriam tido o efeito contrário, transformando uma crise passageira numa depressão profunda.

5 Os movimentos especulativos não criam, apenas transferem, riqueza socialmente produzida. Para Marx, "os máximos resultados que o capital consegue, nessa linha, são de um lado o capital *fictício*, e de outro o crédito como novo elemento de concentração, de dissolução dos capitais em capitais isolados e centralizadores. O crédito, na verdade, também a forma na qual o capital procura diferenciar-se dos capitais isolados, e na qual o caráter social da produção capitalista encontra sua expressão mais decidida. Nas *Teorias sobre a Mais-Valia* esclarece que o capital puramente fictício, títulos de Estado, ações etc. – sempre e quando não leve à bancarrota do Estado

otimistas dos "homens de negócios" alicerçaram a corrente especulativa no sentido da alta. Os grandes "capitães da indústria" afirmavam alto e bom som sua esperança no futuro da atividade econômica e, portanto, dos lucros. Mas, no dia 12 de junho de 1928 verificou-se um primeiro recuo da Bolsa de Nova York: nesse dia, mais de 5 milhões de ações mudaram de mãos. Registraram-se quedas de 23 pontos. Mas a alta recomeçou a partir de julho, e a campanha para as eleições presidenciais escorou-se em promessas de prosperidade: os republicanos afirmavam que a eleição do candidato democrata marcaria "o advento de uma depressão em 1929" (!). O republicano Herbert Hoover foi eleito por grande maioria e a Bolsa acolheu a vitória republicana com nova alta dos preços das ações.[6]

---

ou das sociedades anônimas, ou não entorpeça em termos gerais a reprodução, minando o crédito dos capitalistas industriais que retém estes valores – não é mais que uma simples transferência de riqueza de umas mãos para outras e, em conjunto, se traduzirá em resultados favoráveis no que se refere à produção, já que os *parvenus* que adquirem por preço baixo estas ações ou títulos são, em geral, mais ativos e empreendedores do que aqueles que anteriormente os possuíam."

6 Para as análises economicistas da crise de 1929, esta se deveu à fraqueza do sistema bancário norte-americano, às peculiaridades da sua estrutura de negócios (com os *investments trusts* e as *holding companies*) que favoreciam práticas desonestas e fraudes diversas, e, sobretudo, à peculiar psicologia do comportamento do público

Durante a campanha eleitoral, Hoover (engenheiro de formação, e ministro de finanças do presidente republicano Coolidge, 1924-1928) tinha profetizado:

> Na América estamos mais perto da vitória definitiva sobre a pobreza do que tenha estado nunca nenhum povo no curso da história. Aqui estão em vias de desaparecimento os asilos de caridade. Ainda não chegamos ao fim, mas, se nos dão a possibilidade de continuar a política destes últimos oito anos, não demoraremos, com a ajuda de Deus, para fixar o dia em que a pobreza será desterrada de nosso povo. Não existe melhor garantia contra a pobreza que dar a cada um os meios de trabalhar. Essa é a primeira condição da política pela qual votamos.

Poucas, ou nehuma, vez na história, um prognóstico foi tão errado. No momento, porém, ele bastou para derrotar amplamente o candidato democrata Al Smith, que criticava a *"prosperity* de Coolidge", presentando-a como "uma política de interesse dos grandes capitalistas".

---

norte-americano, cronicamente otimista e ingênuo. O historiador francês Maurice Niveau, num bem conhecido manual, apresentou uma sistematização destas supostas causas, no fundo uma apologia da sabedoria e honestidade europeias diante da cupidez e idiotice norte-americanas. No que isto tem de verdadeiro, trata-se da árvore que impede ver a floresta.

Ulteriormente, amargurado, em suas *Memórias*, o presidente Hoover estigmatizou a especulação: "Há crimes piores que o assassínio, pelos quais os homens mereceriam ser injuriados e castigados". Faziam-se empréstimos nos bancos para comprar títulos na Bolsa e, diante da procura crescente, os estabelecimentos bancários de Nova York emprestavam a prazo curtíssimo, a juros de 12%, tomando emprestado a 5% ao *Federal Reserve*. Todo o mundo lucrava e a euforia difundia-se com a credulidade geral. Os agentes de cambio emprestavam a seus clientes aceitando como garantia os títulos comprados...

A crise de 1929 foi, portanto, uma "crise anunciada". Depois da Primeira Guerra Mundial, houve um aumento geral da demanda, que concluiu em 1920, quando os preços começaram a cair (atingindo 70% de queda, até 1929, no Canadá):[7] 50% para o trigo,

---

7 O principal produto de exportação do Canadá era o trigo, pilar da economia do país. Em 1922, Canadá era o maior exportador de trigo do mundo, e Montréal o maior centro portuário exportador de trigo. Entre 1922 e 1929, o Canadá foi responsável por 40% de todo o trigo comercializado no mundo. As exportações de trigo ajudaram a fazer do Canadá um dos líderes mundiais do comércio internacional, com mais de um terço de seu PIB tendo origem no comércio internacional. A Primeira Guerra Mundial devastara a produção agropecuária dos países europeus, e a Revolução de 1917 manteve o trigo russo fora do mercado mundial. Em torno de 1925, a recuperação da economia e da agropecuária da Europa Ocidental, bem como a nova

40% para o algodão, 80% para o milho, nos EUA. A crise agrícola golpeava, sobretudo, pequenos e médios agricultores: a renda agrícola caiu de 16% para 9% da renda nacional. A migração para as cidades se acentuou, os preços industriais aumentaram devido à política protecionista (generalizada em todos os países industrializados): o marasmo agrícola foi, nos anos 20, um fator de desequilíbrio da *prosperity* americana. Cresceu também a concentração do comércio varejista: a *Great Atlantic Pacific Tea* passou (em 6 anos) de 5.000 a 17.500 lojas; as cadeias de lojas vendiam 27% dos alimentos, 30% do tabaco, 27% das roupas. No fim do processo, oito grupos financeiros detinham 30% da renda nacional: a banca Morgan (que controlava General Electric, Pullman, US Steel, Continental Oil, ATT, etc.), Rockefeller (US$ 6,6 bilhões em ativos), Kuhn e Leeb (10,8 bilhões),

---

política econômica na Rússia, fez com que a produção mundial de trigo aumentasse no mundo, diminuindo os preços do produto. Esperando um rápido retorno aos altos preços, os fazendeiros e comerciantes canadenses estocaram seu trigo, ao invés de reduzirem sua produção. A introdução de maquinário, especialmente o trator, levou ao crescimento da produção. Todos estes fatores em conjunto desencadearam um colapso dos preços do trigo em junho de 1929, destruindo a economia de Alberta, Saskatchewan e Manitoba, e afetando severamente a economia de Ontário e Quebec. Além dos EUA, o Canadá foi o país mais duramente atingido pela Grande Depressão.

Mellon (3,3 bilhões), Dupont de Nemours (2,6 bilhões). Constituíram-se também redes de acordos internacionais, especialmente com empresas alemãs: Dupont de Nemours e IG Farben, General Electric com Siemens e Krupp, General Motors e Opel.

Na década de 1920, a prosperidade dos EUA tinha características específicas: a redução do controle estatal sobre a economia levara ao renascimento do liberalismo econômico (que já se encontrava morto na Europa); o aumento da taxa de acumulação de capitais, o crescimento demográfico (de 106 milhões para 123 milhões de habitantes, em que pese a limitação da imigração), o estímulo à expansão do crédito. O crescimento interno dos EUA foi acompanhado pelo reforço de sua posição hegemônica mundial; em 1926-1929 o país era responsável por 42,2% da produção mundial de produtos industrializados, e primeiro produtor mundial de carvão, eletricidade, petróleo, aço e ferro fundido, acumulando superávits em seus balanços de pagamentos devido à sua condição de primeiro exportador mundial. Foi durante essa fase de prosperidade que ocorreu também a grande expansão da exportação do capital norte-americano; embora a passagem do país de devedor para credor não fosse tão abrupta, a rapidez com que realizou investimentos no exterior não teve paralelo na experiência de qualquer país credor. Grande parte disso tomou a forma de investimento direto através, ou sob controle, de companhias norte-americanas; três bilhões de dólares foram investidos no decorrer da década dessa forma.

Uma expansão de considerável grandeza caracterizou também outros países não europeus nos anos seguintes a 1920. Já em 1925, o índice de produção geral para os EUA mostrava um aumento de 26% sobre 1913, e para todos os demais países fora da Europa, um aumento de 24% (contra um aumento de apenas 2% para a Europa como um todo). Grande parte desse crescimento se efetuou na produção primária, mas incluía também taxas substanciais de aumento em certos tipos de indústrias em países da América do Sul e no Japão. Mesmo apresentando essas condições favoráveis, o otimismo não estava destinado a perdurar muito, pois a prosperidade escondia graves problemas estruturais: a baixa taxa de lucros, o alto grau de concentração de renda, razoável nível de desemprego, fatores que, quando maximizados, dariam origem a uma crise econômica sem paralelos no passado, e mundial.

A prosperidade estava longe de ser partilhada. As desigualdades haviam se aprofundado durante a década de 1920, o crescimento do mercado não acompanhara o ritmo da produção, criando uma acumulação de estoques que só poderiam ser comercializados mediante o recurso, cada vez mais intenso, ao financiamento do consumo. Os agricultores passaram a armazenar cereais. Para isso, tiveram que pedir empréstimos aos bancos, oferecendo suas terras como garantia. Já as indústrias se viram forçadas a desacelerar o ritmo da produção e, consequentemente, a despedir milhares de trabalhadores, o que afetou ainda mais o mercado consumidor. A taxa de lucro permaneceu baixa, os capitais se exauriram paulatinamente: a crise influenciaria todos os segmentos, inclusive o mercado de ações. Paralelamente, a política de investimentos norte-americana no exterior, peça fundamental de sua expansão na década de 1920, assentava-se sobre bases precárias. Os vultosos empréstimos para a Europa foram feitos a longo prazo. Os resultados seriam desastrosos para a produção e o comércio exterior, especialmente para os EUA, que se veriam, ao mesmo tempo, sem capitais e sem clientes para suas exportações. Quando o craque chegou à indústria americana, o colapso da produção se mostrou correspondentemente mais severo do que a média mundial, incluída a Europa.

Mudanças no desenho do comércio internacional determinaram também a crise de superprodução nos EUA. Durante a Primeira Guerra Mundial, a economia norte-americana estava em pleno desenvolvimento. As indústrias dos EUA produziam e exportavam em grandes quantidades, principalmente para os países europeus. Após a guerra o quadro não mudou, pois os países europeus estavam voltados para a reconstrução das indústrias e cidades, necessitando manter suas importações, principalmente dos EUA. A situação começou a mudar no final da década de 1920. Reconstruídas, as nações europeias diminuíram drasticamente a importação de produtos industrializados e agrícolas dos Estados Unidos. Com a diminuição das exportações para a Europa, as indústrias norte-americanas começaram a aumentar os estoques de produtos, pois já não conseguiam mais vender como antes. Grande parte destas empresas possuía ações na Bolsa de Valores de Nova York, e milhões de norte-americanos tinham investido nestas ações, o chamado "capitalismo popular".

A crise anunciada

Em 1929, na véspera da grande crise, 200 sociedades detinham 50% do capital comercial e industrial, 20% da riqueza nacional: apenas 2000 indivíduos as controlavam. Na indústria, os métodos de Taylor ("taylorismo") fizeram aumentar a produtividade de 25% a 30% durante a década. O custo da mão-de-obra, portanto, caiu, em que pese o aumento dos salários reais (que cresceram, na média, 22% entre 1922 e 1929): a política de altos salários nas indústrias mais concentradas ampliou o mercado de consumo, e foi defendida por Henry Ford (quem afirmou que "um nível natural e estável de salários e lucros é um sinal de mal-estar dos negócios"). Na década de 20, também, se generalizou a venda a crédito, que já abrangia 15% do varejo em 1929 (com

50% dos eletrodomésticos, 60% dos carros, 70% dos aparelhos de rádio).

A publicidade e propaganda se transformaram em um "departamento" separado da produção, consumindo, em 1929, 2% da renda nacional: o consumo se uniformizou, as necessidades e gostos viraram *standards*, e necessidades "novas" foram "criadas" (como carros individuais e cosméticos). A pesquisa explodiu, acompanhando o crescimento da produção: em 1927, mais de mil sociedades já possuíam laboratórios próprios, o "taylorismo" era ensinado nas *business schools*. Os EUA criaram, já na década de 1920, o tipo de capitalismo que se generalizaria no mundo depois da Segunda Guerra Mundial. A política governamental favorecia a concentração, em que pese a existência de uma "Lei contra os *Trusts*" (pouco aplicada): os impostos ao capital eram cada vez mais reduzidos, a *Federal Trade Commission*, criada para combater a "cartelização", caíra no esquecimento.

Na década de 1920, também, os EUA se transformaram no grande credor mundial, subscrevendo mais de US$ 5 bilhões em títulos estrangeiros. Ao mesmo tempo, tinham US$ 3 bilhões em investimentos diretos do exterior (dos quais 602 milhões foram realizados só em 1929), com filiais no estrangeiro das grandes empresas, e até constituição de sociedades que só operavam no exterior (a *American Foreign Power*, a ITT, etc.) e participações em empresas estrangeiras. Com US$ 400 milhões investidos na França, 400 milhões na Itália, 300 milhões na Suécia, 250 milhões na Bélgica, 200 milhões na Noruega, 280 milhões na Dinamarca, 170 milhões na Polônia, em 1925 os EUA substituíram a Inglaterra como o grande centro financeiro internacional (concentrando mais da metade dos estoques de ouro). Trotsky apontou:

> A inflação em ouro é tão perigosa quanto a fiduciária. Pode-se morrer de excesso como de escassez. Com ouro em excesso, os dividendos caem, assim como os lucros do capital: a expansão da produção torna-se irracional. Produzir e exportar para acumular ouro é como jogar mercadorias ao mar. Eis porque os EUA precisam cada vez mais investir seus recursos em excesso na América Latina, Europa, Ásia, Austrália, África. Assim, a economia da Europa e do resto do mundo torna-se parte da economia dos EUA.

A década, no entanto, era expansiva: a produção de carvão aumentou 20%, a do petróleo 80%, a de eletricidade 100%. A produção industrial passou de um índice 58 (1921) a 99 (1928), a renda nacional dos EUA de US$ 59,5 bilhões a mais de US$ 87 bilhões (1921-1928), com saltos espetaculares em alguns setores: automóveis (com produção de 5,3 milhões de unidades por ano: 26 milhões dos 35 milhões de carros do mundo estavam nos EUA), cuja indústria empregava mais de 7% dos assalariados, e pagava quase 9% dos salários (sem incluir postos de gasolina, oficinas, garagens, etc.), sendo responsável por quase 13% do valor agregado da indústria; a indústria de material elétrico triplicou, com o rádio passando de um faturamento de 10 para 412 milhões de dólares (entre 1922 e 1929); a construção aumentara 200% (metade só em Nova York); a química duplicou, a borracha aumentou 86%, o ferro e o aço, 70%. A concentração aumentou mais rápido ainda, com 89 fusões em 1919, 221 em 1928. Em 1926, a *US Steel* controlava já 30% da produção de aço; em 1903 havia 181 construtores de carros, em 1926, só 44: os três principais (Ford, General Motors, Chrysler) controlavam 83% da produção. A distribuição de renda acompanhou o processo: 1% da população detinha 14,5% da renda nacional; e 5%, 26% (entre 1923 e 1929), o PIB aumentou, nesse período, em 23%, mas o rendimento do capital em 62%.

A partir de 1925, apesar de toda a euforia, a economia norte-americana começou a ter sérios problemas. Enquanto a produção industrial e agrícola desenvolvia-se em ritmo acelerado, os salários ficavam defasados. Em consequência da progressiva mecanização da indústria e da agricultura, o desemprego foi crescendo consideravelmente. E, depois de se recuperarem dos prejuízos da guerra, os países europeus passaram a comprar cada vez menos dos EUA e a concorrer nos mercados internacionais. Pela falta de consumidores externos e internos, começaram a "sobrar" enormes quantidades de mercadorias no mercado norte-americano, desenhando, assim, uma crise de superprodução. Até quando duraria a "alegria" do grande capital?

Vozes isoladas anunciaram a iminência de um *crack* na Bolsa. Uma delas era a do sociólogo Roger W. Babson, quem se baseava em observações econômicas e cálculos estatísticos. Outra dessas vozes se baseava apenas na experiência: era a do banqueiro Paul Warburg, alemão naturalizado e presidente da *Manhattan Trust Company*. A sua opinião, baseada na experiência dos craques das Bolsas europeias, foi descartada por provir de um homem, um "estrangeiro", que não entendia a vitalidade de um país jovem, como os EUA, que, pelo visto, achava ter encontrado a fórmula da prosperidade eterna.

Os sintomas da crise já tinham aparecido no início de 1929 (leve queda da Bolsa de Nova York), a produção industrial americana já havia começado a cair a partir de julho do mesmo ano, causando um período de leve recessão econômica, e em setembro aconteceu a queda da Bolsa de Londres. Em agosto, a taxa de juros foi levada de 5% para 6%, numa tentativa de reduzir o volume de crédito, mas já era tarde demais. A orgia de lucros, finalmente, estourou a 24 de outubro de 1929: as cotações do *Stock Exchange* de Nova York afundaram 50% em um só dia. Estes preços estabilizaram-se ao longo do final de semana, para caírem drasticamente novamente na quarta feira, 28 de outubro. Muitos acionistas entraram em pânico. Cerca de 16,4 milhões de ações subitamente foram postas à venda na quinta feira, 29 de outubro, a "Quinta-Feira Negra". O excesso de ações à venda, e a falta de compradores, fizeram com que os preços destas ações caíssem em cerca de 80%. Até o final do mês, seguiram-se novas derrubadas de preços e uma onda de falências. Milhares de acionistas perderam, literalmente da noite para o dia, grandes somas em dinheiro. Muitos investidores pequenos e médios perderam tudo o que tinham.

Cotação das ações na Bolsa de Nova York entre 1926 e 1938

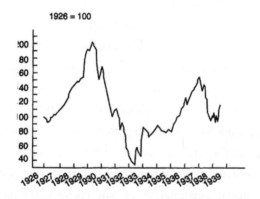

Os preços dessas ações continuariam a flutuar, caindo gradativamente nos próximos três anos. As pessoas que tinham todas as suas riquezas na forma de ações eventualmente perderam tudo o que tinham. Muitos decidiram cortar gastos supérfluos, outros, que haviam comprado produtos através de empréstimo e prestações, reduziram ainda mais seus gastos, economizando dinheiro para efetuar seus pagamentos. A súbita queda nas vendas estendeu a recessão ao setor industrial e comercial dos EUA. A quebra na bolsa de valores de Nova York piorou drasticamente os efeitos da recessão já existente, o que obrigou ao fechamento de inúmeras empresas comerciais e industriais, elevando assim drasticamente as taxas de desemprego.

A onda expansiva da crise de Wall Street afetou o país e o mundo inteiro, por um longo período. Em 17 de maio de 1930, o governo dos EUA aprovou o Ato Tarifário Smoot-Hawley, que aumentava as tarifas alfandegárias em cerca de 20 mil itens não-perecíveis estrangeiros. O presidente Herbert Hoover pedira ao Congresso uma diminuição nos impostos, mas este votou a favor do aumento dos impostos. Um abaixo-assinado, assinado por mil economistas, pediu ao presidente americano para rejeitar este aumento. Apesar disto, Hoover assinou o Ato. O Congresso e o Presidente diziam que isto iria reduzir a competição de produtos estrangeiros no país. Porém, outros países reagiram através da aprovação de leis e atos semelhantes, assim causando uma queda súbita nas exportações americanas, e deflagrando uma guerra comercial.

Dessa "guerra" surgiram as desvalorizações competitivas das moedas, e o controle cambial. Em 1931-1932, a Inglaterra, Canadá, a Escandinávia e os EUA abandonaram o padrão-ouro; em 1936, somaram-se a eles Holanda e Bélgica, finalmente também a França. Os países do bloco-ouro, no entanto, recusaram-se, depois de 1933, a recorrer à desvalorização, em que pese a estagnação mais pronunciada de suas economias, em relação àquelas regidas pela libra esterlina ou pelo dólar. Adotaram apenas políticas deflacionárias que tendiam não só a diminuir os custos de produção, mas também a aprofundar a depressão ou retardar o recrescimento econômico. O desfecho foi, por isso mesmo, mais brutal. O insucesso da Conferência de Londres, que traduziu tão somente a ausência de cooperação internacional, abriu a porta às desvalorizações em série. Quando estas se revelaram incapazes de frear o êxodo de capitais, recorreu-se ao controle do câmbio. Como constatou Maurice Niveau, "a marcha no sentido da economia de guerra estava iniciada". Na ausência da adoção simultânea de medidas de luta contra a depressão, as desvalorizações sucessivas, que redundavam na expansão monetária, constituíam a única solução alternativa, a menos que se recorresse ao controle do câmbio, que foi utilizado, em lugar da desvalorização, como uma espécie de biombo protetor, atrás do qual supunha-se que a expansão podia ser empreendida no próprio país.

A desvalorização se mostrava incapaz de sustar as fugas de capitais, ao contrário, inclusive as reforçava. A maioria dos países latino-americanos, cujas moedas foram depreciadas em 1929 e 1930, recorreu ao controle cambial em 1931 e 1932. Na Europa, vários países aliaram igualmente a desvalorização e o controle cambial. A Alemanha hitlerista decretou subvenções diferenciais para a exportação, acordos com derogação da paridade, etc. Pôde, assim, conservar uma moeda superapreciada, que impunha geralmente suas condições nos acordos bilaterais realizados com os países da Europa central. O comércio externo da Alemanha diminuiu, contudo, entre 1929 e 1935. Tendo permanecido fiel ao ouro e tendo, por conseguinte, a moeda superapreciada, a França não podia recorrer ao controle cambial, mas fixou contingentes de importações, a fim de reduzir o desequilíbrio externo. A diminuição de seu comércio externo foi, contudo, da mesma ordem que a da Alemanha, mas muito mais importante para o mundo.

Em 1932, a produção mundial tinha caído 33% em valor; o comércio mundial, 60%; o Birô Internacional do Trabalho contabilizava 30 milhões de desempregados (cálculo modesto). Os países mais atingidos pela crise, além dos Estados Unidos, foram a Alemanha, Austrália, França, Itália, o Reino Unido,[8] e especialmente o Canadá. Não se tratava,

---

8 Na Grã-Bretanha, a taxa de desemprego saltou de 8% para 20% no final de 1930. O Reino Unido cortou gastos públicos, incluindo os fundos dos programas de ajuda social. Em 1931, mais cortes em salários e programas sociais foram realizados, e o imposto de renda foi aumentado. Em 1932, ápice da Grande Depressão no Reino Unido, as taxas de desemprego eram de 25%. Foi

porém, do primeiro craque da Bolsa, depois de uma grande alta especulativa. Desta vez, porém, as consequências foram tais, que se achou que o craque da Bolsa fosse a causa da crise propriamente dita. Vários analistas, no entanto, revelaram à época que certos índices econômicos mudavam de sentido desde meses anteriores ao craque, embora em 1929 os maiores entendidos julgavam ter descoberto o segredo de uma prosperidade econômica contínua.

1929 foi o ápice de um proceso: entre 1920 e 1939 os Estados Unidos conheceram três crises econômicas completas e duas parciais, com quedas na produção. No ano e meio posterior ao craque de 1929, os valores norte-americanos se depreciaram em 16 bilhões de dólares, durante quatro anos a vida econômica ficou quase paralisada, com uma queda vertical da produção industrial. A produção de automóveis se reduziu em 80%. Só em 1932 quebraram 31.822 empresas, durante o período de 1930 até 1933 faliram, no total, 106.769 empresas, sem contar os bancos.[9]

---

somente com o abandono do padrão-ouro e a elevação de tarifas alfandegárias para produtos importados de qualquer país que não fosse parte do Império Britânico, que a economia britânica passou a gradualmente recuperar-se.

9 Isto provocaria uma concentração econômica sem precedente. Em 1939, o Comitê de Recursos Nacionais dos EUA declarou que a economia do país se encontrava em mãos de oito grupos monopolistas, que controlavam 61

Se a crise de 1929 era uma crise cíclica, era diversa de crises anteriores, pois tinha um desenvolvimento, assumia proporções e acarretava consequências inteiramente novas. A crise da Bolsa de Wall Street acarretou inexoravelmente o desmembramento de todo o aparelho de crédito sobre o qual vivia a economia americana. Esse processo culminou no início de 1933, numa ameaça de bancarrota geral, no momento exato em que o democrata Franklin Delano Roosevelt chegava ao poder. Ao mesmo tempo, a retirada dos créditos americanos a curto prazo resultou, em 1931, no desmoronamento financeiro da Europa Central e na impossibilidade, para a Grã-Bretanha, de "honrar seus compromissos externos" (pagar suas dívidas). As altas taxas de juros dos EUA foram um dos fatores que estenderam a Grande Depressão à Europa. Os países europeus, especialmente aqueles que utilizavam o padrão-ouro, para manter um câmbio fixo com os EUA, foram obrigados a aumentar drasticamente suas próprias taxas de juros, o que levou à redução de gastos por parte dos consumidores, com grandes quedas na produção industrial.

---

bilhões de dólares através de diversas empresas (entre eles: Morgan, Rockefeller, Kuhn, Mellon, Du Pont).

Da crise à depressão

O comércio mundial desabou: reduziu-se a um terço do seu valor entre 1929 e 1933. O desabamento se devia, em parte, à queda pela metade dos preços-ouro mundiais. Os índices da produção industrial nos principais países caíram na mesma proporção (50%). E disso resultou um número enorme de desempregados: 12 a 15 milhões nos EUA, 6 milhões na Alemanha, 3 milhões na Grã-Bretanha; na Tchecoslováquia havia quase um milhão de desempregados numa população de 13 milhões de habitantes. A situação foi pior, embora não mensurável em cifras tão precisas, nos países menos conhecidos que viviam da exportação de matérias-primas, agora invendáveis. A crise de 1929 diferia de uma crise cíclica de tipo clássico, não se resolveria "sozinha", como as precedentes, e chegara a aprofundar-se ao ponto de constituir a preocupação essencial dos governos, e a ser muito diretamente influenciada em seu curso pelas diferentes políticas nacionais.

A atividade bancária foi um dos ramos que mais sofreram na derrocada, sobretudo na Europa central. As falências bancárias efetivas na época do colapso da Bolsa de Valores foram raras, uma vez que as instituições financeiras tentaram amparar umas às outras contra as consequências da contração. Mas essas medidas dependiam da boa vontade tácita de todos os interessados, e a extensão e duração da crise tendiam a minar essa inclinação supostamente "altruísta". Além disso, a estabilidade do sistema dependia da cooperação internacional. A Alemanha, em particular, precisava da ajuda e da indulgência de outros países e, na década de 1930, já não podia contar com uma assistência substancial. Além da dificuldade criada pelos problemas de seus próprios credores, havia a desconfiança na estabilidade política alemã, e a recusa da França a se aliar aos EUA e à Inglaterra para dar esteio às finanças e à economia alemãs.

As primeiras medidas realmente eficazes contra a depressão foram adotadas nos diferentes países a partir de 1932-1933. Essas políticas econômicas, adotadas quase simultaneamente por Roosevelt nos Estados Unidos e por Hjalmar Schacht na Alemanha nazista, foram, anos mais tarde, teorizadas por Keynes em sua obra clássica (a *Teoria Geral do Emprego, do Juro e da Moeda*). Como diz Michel Beaud,

> a uma saída capitalista para a crise, que impunha enormes sacrifícios à classe operária e se arriscava assim a levar a inquietantes confrontos, Keynes propunha outra saída capitalista que, mediante uma retomada da atividade, possibilitasse reduzir o desemprego, sem amputar o poder de compra dos trabalhadores. Trinta anos depois do *Five Dollars Day* de Ford, Keynes expôs uma teoria econômica que permitirá justificar novas políticas, através das quais

será procurada, e em parte conseguida, a integração do mundo do trabalho na sociedade capitalista.

As diversas políticas possuíam um fundo comum: a intervenção do Estado para a solução dos problemas econômicos, com reforço de seu papel onde ele já era tradicional (Alemanha e Japão), e sua intervenção onde persistia uma tradição liberal, como nos EUA e Inglaterra. Embora as variantes da política intervencionista fossem de caráter nacional, algumas medidas foram comuns: protecionismo alfandegário, desvalorização monetária, subvenções governamentais a empresas privadas e aumento dos gastos públicos. Nos EUA, especificamente, o *New Deal* significou uma série de medidas intervencionistas visando atenuar a crise, atingindo vários setores, possuindo um sentido emergencial, não de mudança estrutural, como o expressou claramente Roosevelt. Sua aplicação fez a economia norte-americana retornar a seus níveis anteriores a 1929, nas vésperas da Segunda Guerra Mundial, embora o desemprego jamais tenha sido extinto, persistindo a cifra de mais de oito milhões de desempregados em 1940. Isso só seria solucionado com a passagem para uma economia de guerra.

No imediato, o *New Deal* tentou sanear a situação financeira de todos os setores falidos, através do controle e regulamentação da atividade econômica, a desvalorização do dólar (que aliviou a situação dos produtores agrícolas endividados), o abandono do padrão-ouro. O *Agriculural Adjustment Act* adotado em 1933, junto com o *National Recovery Industrial Act*, do mesmo ano, generalizou os acordos entre setores produtivos, a fixação de preços, de condições de emprego e produção. O socorro social foi institucionalizado com a *Federal Emergencncy Relief Administration*, ao mesmo tempo em que se lançava um programa de trabalhos públicos, a *Work Progress Administration* (com um fundo de 3 bilhões de dólares em 1933, e de 80 bilhões de 1934 a 1936), cujo financiamento foi garantido por uma política de déficit orçamentário e de "inflação controlada". Em 1935, os EUA finalmente adotaram o seguro desemprego e a aposentadoria pública. Mas o desemprego não recuou na medida do esperado... Em 1937, no entanto, a economia se encontrava sob ameaça de um novo afundamento, o *New Deal* virou, então, nas palavras de Art Preis, o *War Deal*, com a amputação, em 1938, de 800 milhões de dólares destinados ao seguro social e aos trabalhos públicos, e o aumento dos gastos de defesa (200 milhões de dólares a mais em 1938, 400 milhões de dólares em 1939). A partir de 1939 os Estados europeus compraram armas aos EUA que, eles próprios, também se armaram. *A economia de guerra foi, finalmente, a saída da crise.*

Para além da sua motivação imediata, mais ou menos consciente (ou não), estava em curso uma mudança, ou melhor, um redirecionamento da função do Estado capitalista. Se esse Estado tem seu ponto mediano de equilíbrio na forma de mercadoria, a estrutura que carrega começou a balançar historicamente no momento em que, com a crise do mercado auto-regulado, foram travados os mecanismos que ligavam entre si as distintas unidades de valor, por médio da abstração da troca. Para enfrentar os efeitos desagregadores e, segundo Marramao, "deslegitimizantes" da crise dos automatismos "clássicos", o Estado posterior a 1929 já não podia se limitar a garantir e a tutelar, mas devia se impor diretamente a tarefa de universalizar a forma de mercadoria, como única condição de estabilidade das duas componentes fundamentais da sociedade capitalista: a "política" e a "economia". A transição para o Estado "intervencionista" fez-se então necessária,

> pela tendência persistente que surge abertamente no plano histórico e no plano empírico da dinâmica do desenvolvimento capitalista, à paralisação do 'caráter comercial' do valor e do mesmo modo à interrupção da relação de troca.

Contra o "keynesianismo", expressão teórica dessa transição, a velha teoria liberal resistiu na análise, retomada nos recentes tempos "neoliberais", segundo a qual o próprio progresso social, acelerado pela Grande Guerra, representara um fator de rigidez econômica, impedindo, ou pelo menos retardando, a "adaptação natural" da economia à crise, na década de 1930. O período que se seguira a 1919 caracterizou-se, em muitos países avançados, por um reforço do poder dos sindicatos operários e pelo desenvolvimento da legislação social protetora dos trabalhadores: a taxa nominal dos salários se manteve, ou baixou muito pouco, muito tempo depois de desencadeada a crise, o que significava, levando-se em conta a queda dos preços, uma alta dos salários horários reais.

Havia outro fator novo em 1929. As crises industriais do passado assumiam tanto maior gravidade quanto maior era o lugar ocupado na economia pelo setor industrial. Numa nação ainda agrícola, boa parte do pessoal da indústria conservava seus laços rurais e, nos dias "maus", podia refluir para o campo. Agora, porém, não somente o setor agrícola era demasiado restrito para desempenhar o papel de válvula de segurança, mas a própria agricultura, trabalhando cada vez mais para o mercado, e não para sustentar diretamente a população agrária, era a atividade mais abalada pela depressão. Um aspecto original da crise de 1929 consistiu na amplitude e na agudeza da depressão agrícola. A transformação capitalista do campo o fez entrar em cheio na crise, com repercussões gerais: a situação dos bancos era agravada pelo fato que muitos deles haviam emprestado grandes somas aos fazendeiros. Após o início da crise, estes fazendeiros tornaram-se incapazes de pagar suas dívidas, o que causou a queda dos lucros dos bancos. Entre 1929 e 1933, os preços dos produtos industrializados não-perecíveis caíram em 25%. Já o preço dos produtos agropecuários caiu em cerca de 50%, por causa do excedente de produção, de trigo especialmente.[10] Os depositantes dos bancos,

---

10 A queda do comércio internacional afetou violentamente os países dependentes de exportações primárias. A Austrália, que dependia da exportação de trigo e de algodão, foi um dos países mais severamente atingidos pela depressão. A taxa de desemprego alcançou um recorde de 29% em 1932. As exportações de produtos agrários e minérios, tais como café, trigo e cobre, de países da América Latina, caiu de US$ 1,2 bilhão em 1930 para US$ 335 milhões em 1933, só aumentando para US$ 660 milhões em 1940. Os efeitos da crise fizeram com que em alguns destes países, os grandes proprietários passassem a investir seu capital na manufatura, acelerando uma semi-industrialização, chamada de substituição de importações, em especial na Argentina e no Brasil. No Brasil, isso se consolidou com a perda de poder político pelos cafeicultores paulistas após a crise política de 1930, que levou Getúlio Vargas ao governo. Os EUA eram o maior comprador do café brasileiro. Com a crise, a importação deste produto diminuiu muito e os preços do café brasileiro caíram. Para que não houvesse uma desvalorização excessiva, o governo brasileiro comprou e queimou toneladas de café. Desta forma, diminuiu a oferta, conseguindo manter o preço do principal produto de exportação brasileiro da época. Também a Ásia foi afetada pela Grande Depressão, por causa da dependência da sua

temendo uma possível falência bancária, removeram seus depósitos. Várias instituições bancárias foram então fechadas, um total de 14 mil para toda a década.

A "prosperidade" havia mostrado finalmente sua fragilidade e seu caráter cada vez mais especulativo: o valor global das ações passara de 27 a 67 bilhões entre 1925 e 1929, com uma alta de 20 bilhões só nos nove primeiros meses de 1929 (alguns *portfolios* de investimentos se valorizaram 700% em poucos meses), um crescimento cada vez maior do que o da produção. No início de outubro de 1929, alguns investidores começaram a apostar "na baixa": o movimento se estendeu, e no final do mês o pânico se generalizou; quem podia, vendia, e muitos pequenos investidores se suicidaram (embora não houvesse a onda generalizada de sucídios que se transformou em lenda). As ações estavam sobrevalorizadas, o crescimento recente tinha sido especulativo (para alguns economistas, no entanto,

---

economia em relação à exportação de produtos agrários à Europa e à América do Norte. O comércio internacional asiático caiu drasticamente, na medida em que os EUA e a Europa foram atingidos pela depressão. O PIB do Japão, com uma base industrial em crescimento, sofreu uma queda de 8% entre 1929 e 1930. As taxas de desemprego e de pobreza cresceram drasticamente, afetando mais as classes inferiores. Esta foi uma das causas da ascensão do nacionalismo japonês na década de 1930.

ele adiara por dois anos a explosão da crise). Desequilíbrios enormes tinham se acumulado: entre capacidade de produção e a de consumo; nas trocas com o resto do mundo (sobretudo com a Europa); e a acentuação da crônica crise agrária. Para John K. Galbraith

> a atividade econômica dependia cada vez mais do consumo de luxo de uma minoria de privilegiados, e de sua propensão a investir.

O resto do mundo só comprava 12% dos carros produzidos pelos EUA, por exemplo.

Crise, portanto, de superprodução. Marcel Roncayolo resumiu assim a situação:

> A prosperidade norte-americana não encontrou sustentação num mundo cuja expansão tinha sido bem menor que nos EUA. Além disso, ela era dependente dos empréstimos norte-americanos: bastou fechar a torneira para expandir a crise e, diminuindo o poder aquisitivo externo, aprofundar a crise nos EUA.

E se alguns (como o magnata Mellon) viram na crise um meio de "limpar" o mercado das empresas não-competitivas, ninguém a imaginava tão profunda e longa. Para Fritz Sternberg,

> com sua expansão esgotada, o capital europeu procurava um novo eixo de equilíbrio, assim como o norte-

americano, cuja expansão territorial tinha chegado ao limite: a expansão externa não era suficiente para compensar o surto produtivo. Nenhum dos dois tinha como resolver esses problemas: a tentativa de equilibrar, na base do lucro do capital e de sua expansão externa, o aumento da produtividade, e o consumo, revelou-se um fracasso, cujo resultado foi a crise.

Os bancos reduziram os créditos: milhares de empresas foram então à falência (22.900 em 1929; 31.800 em 1932). A venda a crédito quase desapareceu: a produção industrial caiu 45% (69% nas indústrias de base). Resultado: os lucros afundaram (US$ 2,9 bilhões em 1929; 1,67 bilhões em 1930; 667 milhões em 1931; 657 milhões em 1932). A renda nacional caiu de 87,4 bilhões em 1929 para 41,7 bilhões em 1932: a massa salarial, de 50 para 30 bilhões. Os preços caíram 30%, na média (50%, os preços agrícolas): a renda agrária caiu 57% entre 1929 e 1932. O desemprego disparou: 1,5 milhão em 1929; 4,2 milhões em 1930; 7,9 milhões (16% da força de trabalho) em 1931; 11,9 milhões (24% da PEA) em 1932; 12,8 milhões em 1933, quando já atingia 25,2% da mão-de-obra: o capitalismo se evidenciava um regime destruidor de forças produtivas, incompatível com a sobrevivência física da maioria da população. Com uma queda do comércio exterior vizinha a 70%, os EUA não foram, no entanto, o único país a sofrer um desemprego de massa. No mundo, os desempregados eram estimados em 10 milhões em 1929; 30 milhões em 1932 (cifras que duplicariam se considerado o subemprego): na Alemanha havia 2,5 milhões de desempregados em 1929; 3 milhões em 1930; 4,7 milhões em 1931; 6 milhões em 1932...

Ao analisar as causas da crise, e da transformação desta em depressão, as interpretações monetarista e keynesiana se esgotam nos fatores conjunturais, sendo incapazes de remeter à dinâmica de conjunto da acumulação de capital. Para os monetaristas, a principal causa foi um declínio no estoque de moeda. O declínio foi produzido pela retirada de moeda do sistema bancário e pela decisão dos bancos de aumentar suas reservas voluntárias. Para aumentar suas reservas, tiveram de cortar os empréstimos, produzindo efeitos de multiplicação contracionistas e agravando a crise de liquidez na economia. Isso fez com que os consumidores reduzissem o seu consumo, causando a queda na produção. A velocidade de circulação da moeda também caiu. A crise bancária teria sido agravada por erros de política monetária, que contraíram a liquidez da economia.

Na interpretação keynesiana se apresentou uma visão mais integrada, abarcando vários países (os monetaristas quase sempre se esgotam nos EUA). A produção teria caído devido à queda no consumo, um colapso nos gastos do investidor. Como resultado, cairam os lucros, trabalhadores perderam seus empregos, bem como firmas e pessoas se tornaram inadimplentes. Isso provocou a contração monetária e a crise bancária. Todas estas interpretações se fixaram na esfera da circulação de mercadorias e de capital, dela partiram e a ela voltaram.

A interpretação marxista deveria partir do contexto histórico da crise, ou do "ciclo". Segundo Trotsky,

> nós não podemos dizer que esses ciclos explicam tudo: isso está excluído pela simples razão de que os próprios ciclos não são fenômenos econômicos fundamentais, mas derivados. Eles acontecem sobre a base do desenvolvimento das forças produtivas através dos mecanismos das relações de mercado.

Embora os ciclos (curtos ou longos) sejam fenômenos derivados, isto é, subordinados às leis de movimento da produção mercantil e da produção capitalista, eles forneceriam indicações sobre o período histórico do capitalismo. Segundo o mesmo autor:

> Os ciclos comerciais e industriais são de caráter diverso em diferentes períodos. A principal diferença está determinada pelas inter-relações quantitativas entre o período de crise e o de auge de cada ciclo considerado. Se o auge restaura com um excedente a destruição ou a austeridade do período precedente, o desenvolvimento capitalista está em ascensão. Se a crise, que significa destruição, ou pelo menos contração das forças produtivas, ultrapassa em intensidade o auge

correspondente, temos como resultado uma contração na economia. Finalmente, se a crise e o auge aproximam as suas magnitudes respectivas, temos um equilíbrio temporário, um estancamento da economia. Este é o esquema, no fundamental.

Economistas marxistas, como Maurice Dobb, viram nesta crise, inédita pela sua profundidade, um índice de anacronismo histórico do capital: durante a crise, na Alemanha,

> a queda dos preços dos produtos controlados por cartéis foi só aproximadamente um terço do retrocesso experimentado pelos preços dos produtos não ligados por esse vínculo.

As quedas dos preços dos bens de produção foram muito menores que as dos bens de consumo, sendo que na crise de 1907/1908 ocorreu o contrário: naquela ocasião, os preços dos bens de produção caíram nos EUA o dobro e na Alemanha três vezes mais que os dos bens de consumo. Dobb viu nesta manutenção de um alto nível de preços por meio dos cartéis e dos acordos internacionais empresariais, destinados a garantir o nível dos benefícios, uma prova da "aniquilação da estrutura industrial".

Certamente, como analisou Maddison, na crise de 1929 e na depressão da década de 1930 houve uma desintegração da ordem econômica internacional, com um colapso do volume do comércio mundial, levantamento de barreiras comerciais, controle de câmbios e blocos comerciais discriminatórios. O mercado de capital internacional caiu também sob o peso da mora e da insegurança criada pela hostilidade entre os principais países capitalistas avançados.

Mas a crise comercial e bancária, embora seja o ponto de partida (ou melhor, a evidência) da crise, é aspecto subordinado. Em princípio, o capital comercial e o bancário crescem com o volume da produção capitalista e intermediam o processo de reprodução do capital (ainda que, historicamente, tenham se desenvolvido antes do capital industrial; é preciso discernir o processo da gênese da estrutura lógica do capital em sua plenitude). Mas, como elementos da circulação do capital eles não abrigam a criação de valor, apenas o realizam, de modo que são estruturalmente dependentes do capital industrial, simples prolongamentos deste, que se autonomizam externamente. A aceleração febril dos negócios, em época de conjuntura favorável, leva à multiplicação das operações de compra, venda e crédito, bem como o estímulo à função de meio de pagamento do dinheiro. A autonomização dos capitais comercial e bancário faz com que se movimentem além dos limites impostos pela reprodução do capital industrial, violando a dependência interna que guardam em relação a este. Por isso a conexão interna é restabelecida mediante uma crise comercial e bancária (ou financeira), formas de aparência da crise econômica real, apreendidas pelos economistas como contradições que se passam exclusivamente no âmbito da circulação monetária, mas que em verdade resultam da anarquia do processo global de reprodução do capital industrial, unidade do seu tempo de produção e circulação.

A crise de 1929, e a grande depressão que a seguiu, salientaram brutalmente o papel das flutuações longas e muito longas na mudança das estruturas econômicas. Muitas vezes, no passado, a economia americana tinha sofrido crises, mas nenhuma fora tão violenta como esta e tão prenhe de consequências desastrosas para a sociedade americana e para o próprio sistema capitalista. A massa de trabalhadores desempregada era um problema social que parecia insolúvel. Os prognósticos da pronta recuperação econômica, feitos pelos especialistas de Harvard, não se realizavam. Daí a necessidade, para os economistas profissionais, de "controlar" os ciclos econômicos que geravam as crises. Mas este controle somente seria exequível em termos de uma análise histórica do processo econômico que permitisse captar as causas dos fenômenos da alta e baixa dos preços, em cuja intersecção se dava a crise.

Decomposição social e Estado emergencial

Em 1929, o valor total dos produtos industrializados fabricados nos Estados Unidos foi de 104 bilhões de dólares. Em 1933, este valor havia caído para 56 bilhões, uma queda de aproximadamente 45%. A produção de aço caiu em 61%, entre 1929 e 1933, e a produção de automóveis caiu em cerca de 70% no mesmo período. Em Toledo (EUA) havia 75 mil operários ativos em março de 1929; mas só 45 mil em janeiro de 1930. A Ford (Detroit) contava 128 mil operários a inícios de 1929; 100 mil em dezembro desse ano; 84 mil em abril de 1930; 37 mil em agosto. E os trabalhadores sofriam não só pelo desemprego, mas também pela redução salarial e dos horários de trabalho (que se reduziram em 29% na General Motors). E não havia seguro-desemprego, só havia caridade.

Surgiram as *hoovervilles* (do nome do presidente Hoover), verdadeiras favelas de "excluídos"; as "sopas populares", os "abrigos" para sem-teto se enchiam; em Chicago, o lixo era "revisado" e reaproveitado por uma enorme massa de pobres. Em 1932, estimava-se que um milhão e meio de jovens faziam parte de "bandos de errantes", sem destino. Na Califórnia, no centro-norte dos EUA e no oeste do Canadá, grandes períodos de seca, invernos rigorosos e pestes agravaram a depressão econômica. Muitos dos jovens das áreas rurais abandonaram suas fazendas e suas famílias, buscando a sorte nas cidades: juntamente com os desempregados urbanos, viajavam de cidade a cidade, "pegando carona" em trens de carga, em busca de emprego. No Canadá, donos de automóveis apelidaram seus veículos de *Bennett Buggies* – satirizando o premiê Richard Bennett: os donos não tinham como adquirir o combustível necessário para abastecê-los, ou tinham cortado a compra de combustível por considerarem-na um gasto supérfluo. Os veículos passaram a serem usados como carroças (*buggies*), puxados por cavalos ou outros animais.

A subalimentação produziu um surto de tuberculose; os matrimônios caíram 30%, os nascimentos, 17%: com 10 milhões de crianças deficientes. A ofensiva contra os salários foi mundial, os proventos dos trabalhadores experimentaram um retrocesso sem precedentes na história do capitalismo. Grupos étnicos minoritários, imigrantes, dos países mais atingidos passaram a ser discriminados por setores da população dos países mais afetados: eram discriminados porque, supostamente, competiam com a "população nativa" pelos empregos. A discriminação era alentada por grupos nacionalistas de direita. Isto fez com que as taxas de imigração caíssem sensivelmente no Canadá e nos Estados Unidos.

No país mais rico do mundo, os EUA, a renda total dos trabalhadores da indústria e da agricultura foi literalmente amputada pela metade entre 1929 e 1932. De dois milhões, o número de desempregados elevou-se para 18 ou 20 milhões. A produção de aço foi reduzida a menos de 20% em sua capacidade. As exportações, que ultrapassavam os cinco bilhões de dólares, mal chegavam a 1,5 bilhão; as importações passaram de quatro bilhões e meio para cerca de um bilhão. Depois de 4.600 falências bancárias em três anos, todos os bancos do país fecharam seus guichês em março de 1933, no apogeu da crise financeira. Segundo a explicação neoclássica, a crise de 1929, como as anteriores, teria se resolvido sozinha se os governos, pelas suas intervenções "desastradas", não a tivessem prolongado, e até agravado, ao pretender solucioná-la. Talvez desde 1933, certamente a partir de 1935, já havia indícios de reerguimento econômico "espontâneo". A queda maciça da produção industrial acabou tornando-a inferior às necessidades incompressíveis: daí que, após o esgotamento dos estoques, se reiniciasse a produção para satisfazer à demanda "encolhida".

Mas a explicação "economicista" ignora porque a crise econômica virou crise política, devido ao aguçamento (real ou potencial) da *luta de classes*. Antes de março de 1933, no ápice do pânico bancário, o presidente republicano Herbert Hoover tentou se avizinhar do opositor democrata, Franklin D. Roosevelt, que já propunha o *New Deal*. Hoover tinha sondado a possibilidade da declaração do "Estado de Emergência", mas precisava, para isso, do consenso bipartidário. Roosevelt rejeitou qualquer acordo, que teria estreitado as margens para o *New Deal*, e decidiu aproveitar o fato de que a responsabilidade pelo desastre estava já caindo sobre Hoover, que tinha proposto, sem sucesso, a criação de um órgão governamental, o *Reconstruction Finance Corportation* (Corporação de Reconstrução Financeira), ou RFC, em 1932. Este órgão seria responsável por fornecer ajuda financeira a empresas e instituições comerciais e industriais chave, como bancos, ferrovias e outras grandes empresas.

A política de intervenção estatal começou já no governo Hoover, embora com caráter limitado. A nova política começou a se definir a princípios de 1932, con dois atos paralelos de caráter financeiro: o *Bill Glass-Steagal*, e o estabelecimento da *Reconstruction Finance Corporation*. O "bill" Glass-Steagall, assim chamado pelo nome dos parlamentares que tomaram parte mais ativa na elaboração do projeto, foi a primeira tentativa para atenuar a crise, operando sobre a moeda. Essa lei rompia com o princípio estrito do sistema americano de bancos de emissão, segundo o qual a cobertura total das notas bancárias devia compor-se exclusivamente de ouro e letras de câmbio. Pela nova lei, a "cobertura ouro" mínima ficava fixada em 40%. Para os 60% restantes, os bancos de emissão podiam também utilizar bônus do Tesouro, sendo os bancos autorizados a comprar esses bônus e imprimir, com essa nova garantia, mais moeda, mas conservando em caixa a reserva de ouro fixada. Poder-se-ia, desse modo, emitir 2 bilhões de dólares "novos" (os EUA possuíam, em 1932, um terço das reservas mundiais de ouro).

A manobra financeira das autoridades nada mais era do que uma "fuga para frente", através da criação suplementar de capital fictício, tal como descrito exatamente por Marx no capítulo XXV do Livro III d'*O Capital* ("Crédito e Capital Fictício").[11] A "ilusão monetária" assim criada

---

11 "Com o desenvolvimento do sistema bancário e notadamente desde que os bancos pagam juro por depósitos, põem-se neles ainda as poupanças de dinheiro e o dinheiro momentaneamente vadio, de todas as classes. Pequenas somas, cada uma de por si incapaz de operar como capital-dinheiro, fundem-se em grandes massas e assim formam poder financeiro. A ação do sistema bancário destinada a aglomerar quantias pequenas deve ser distinguida de sua mediação entre os capitalistas financeiros propriamente ditos e os prestatários. Por fim, depositam-se nos bancos as rendas que se consomem gradualmente. Empresta-se por meio do desconto de letras convertendo-as em dinheiro, antes do vencimento – e por meio de adiantamentos em diversas formas: direitos na base de crédito pessoal, garantidos por papéis rentáveis, títulos públicos, ações de todos os tipos, e notadamente adiantamentos sobre conhecimentos de embarque, *warrants* e outros certificados de propriedade sobre mercadorias, além de empréstimos a descoberto, etc. O crédito que o banqueiro dá pode ter diversas formas, por exemplo, letras e cheques contra outro banco ou aberturas de crédito a outro banco, e por fim bilhetes de banco, no caso de bancos emissores. O bilhete de banco

pagar-se-ia pouco tempo depois, na forma de uma gigantesca crise bancária, contra a qual o novo presidente dos EUA viu-se obrigado a usar os meios do "Estado de exeção", ou seja, a crise do capital transformou-se em crise do regime e, potencialmente, em crise do próprio Estado.

Assim, logo que Roosevelt foi empossado, a 4 de março de 1933, apostou na carta dos poderes presidenciais de emergência, em detrimento do poder legislativo: Roosevelt considerou a possibilidade de "driblar" o Congresso para a Lei de emergência sobre os bancos. Os governadores aconselharam ao presidente

---

nada mais é que uma letra contra o banqueiro, pagável ao portador a qualquer momento, que para o banqueiro faz as vezes de letra de câmbio particular. *Tal forma de crédito impressiona ao leigo e lhe parece de grande importância*, primeiro, porque essa espécie de dinheiro de crédito sai da mera circulação comercial e entra na circulação geral, funcionando aí como dinheiro; depois, porque, na maioria dos países, os bancos principais, emissores de bilhetes – estranha mistura de banco nacional e banco particular – na realidade, têm atrás de si o crédito nacional, e seus bilhetes têm curso mais ou menos legal. Assim, fica evidente que a função do banqueiro é negociar com o crédito mesmo, pois o bilhete de banco somente simboliza crédito em circulação. Mas, o banqueiro comercia com o crédito em todas as outras formas, mesmo quando adianta dinheiro efetivamente depositado em seu estabelecimento. De fato, o bilhete de banco apenas constitui a moeda do comércio atacadista, e o principal para os bancos é sempre o depósito" (grifo nosso).

pedir ao Congresso que lhe concedesse "poderes tão amplos quanto necessário" para confrontar a crise. Entre os conselheiros do presidente, Walter Lippmann sugeria assumir um "poder ditatorial", e escrevia que o Congresso não devia "retardar, mutilar, bloquear ou confundir", propondo "suspender por um ano o debate (parlamentar) e as emendas às propostas do Executivo". Al Smith, ex-governador de Nova York, evocava os "tempos de guerra", quando uma democracia "se transforma em um tirano, um déspota, um verdadeiro monarca". A "democracia americana" pendeu por um fio. A posse de Roosevelt, com seu "discurso da virada", aconteceu exatamente um dia antes que Adolf Hitler, na Alemanha, conseguisse os "poderes totais" para governar por decreto. A crise enterrava as "democracias".

Foi com base na Lei de Guerra de 1917 que foi proclamado o fechamento de todos os bancos. Durante as férias bancárias, o Tesouro elaborou a *Emergency Banking Act*, negociada com os grandes monopólios, para contrabalançar o peso da ala intervencionista do governo, que reclamava a nacionalização de todo o sistema do crédito. Submetida à Câmara e ao Senado, seis dias depois do fechamento bancário, a Lei foi aprovada em... oito horas. Em uma sessão legislativa especial, conhecida como sessão *Hundred Days* (Cem Dias), Roosevelt fez aprovar uma série de leis que, por insistência do próprio Roosevelt, foram nomeadas de *New*

Deal (Novo Acordo, o nome foi inspirado no *Square Deal*, dado pelo ex-presidente Theodore Roosevelt à sua política econômica), fornecendo ajuda social às famílias e pessoas que necessitassem, e criando empregos através de parcerias entre o governo, empresas e consumidores. Nos anos sucessivos, diversas agências governamentais foram criadas para administrar os programas de ajuda social. A mais importante delas foi a *Federal Agency Relief Administration*, que seria responsável pelo fornecimento de fundos aos governos estaduais, para que os empregassem em programas de ajuda social. Outros órgãos governamentais foram criados com o intuito de fundear, administrar e/ou empregar trabalhadores na área de construção de aeroportos, escolas, hospitais, pontes e represas (o mais famoso e simbólico foi a *Tennessee Valley Authority*, TVA, para uma obra de irrigação no vale do mesmo nome).[12]

Os EUA elevaram-se no curso da I Guerra Mundial ao nível de potência dirigente do mundo. Mas,

---

12 Richard Bedford Bennett, premiê do Canadá entre 1930 e 1935, também introduziu um *New Deal* semelhante ao dos EUA, implementado a partir de 1934. Em 1933, 30% da força de trabalho canadense estava desempregada; a deflação reduzira salários, preços e investimentos. Em 1932, o PIB canadense havia caído em 42% em relação ao de 1929. Depois do curto crescimento de 1934-1937, o país entrou novamente em recessão. Foi somente com a entrada do país na Segunda Guerra Mundial, em 1939, que os efeitos da Grande Depressão teriam um início de fim.

estendendo seu poder para todo o mundo, o capitalismo dos EUA introduziu em seus próprios fundamentos a instabilidade do sistema capitalista mundial. A economia e a política dos EUA passaram a depender das crises, das guerras e das revoluções em todas as partes do mundo. A própria dimensão do capitalismo americano e seus recursos, seu relativamente tardio aparecimento na cena mundial, o declínio geral e as perturbações econômicas combinaram-se para dar um ritmo rápido à evolução econômica dos EUA e, consequentemente, também, ao desenvolvimento político da burguesia e da classe operária do país.

O papel do regime de Roosevelt consistiu em "salvar" temporariamente o capitalismo. Em função deste objetivo abandonou o tradicional *laissez-faire*, doutrina dos EUA e em particular do próprio partido democrata. Ele utilizou os recursos financeiros do Estado para socorrer as empresas bancárias e comerciais e fez votar as leis que restringiram a concorrência e permitiram a alta dos preços, favorecendo o capital monopolista. Ao mesmo tempo, e ainda que nem todos os capitalistas o percebessem, manteve o descontentamento das massas trabalhadoras urbanas e rurais limitado, dentro de uma política de concessões frequentemente ilusórias e de promessas demagógicas: aprovou, por exemplo, um sistema de aposentadoria e de seguro-desemprego sob o controle do governo. O empregador tinha a possibilidade de fazer recair os custos sobre os consumidores; os trabalhadores e os sindicatos não tinham participação na administração do sistema. Formalmente, o direito dos operários de se organizar foi reconhecido, e o governo cultivou a amizade dos dirigentes sindicais. Os movimentos de greve foram quebrados, de modo sutil, pelos mediadores do governo, ou brutalmente, pelos *gangsters* privados, a polícia ou a milícia, sem protestos da parte da administração "liberal" rooseveltiana.

Desse modo, o capitalismo americano, auxiliado pelo Estado "democrático", momentaneamente aliviou-se da crise, na medida em que a produção elevou-se acima do nível de 1932, e pode novamente realizar lucros em certos ramos. A renda agrícola, que era de 15 bilhões e meio de dólares em 1920, caiu para cerca de cinco bilhões em 1932. Elevou-se novamente em 1935, mas para 8 bilhões, 40% abaixo do nível de 1920. O volume de produção dos objetos de consumo quase igualou em 1935 o nível de 1929, mas o volume dos materiais de construção foi inferior à metade daquele de 1929, e igualmente para a indústria dos meios de produção. Essa retomada foi devida mais aos gastos governamentais do que a uma verdadeira *relance* da indústria privada: os investimentos privados, que se elevavam em 1929 a 6 bilhões de dólares, caíram em 1933 a menos de um bilhão de dólares, e não atingiram em 1935 mais do que 1,5 bilhão de dólares.

A racionalização produtiva, com a incorporação de maquinário *job killer*, por outro lado, progrediu durante a recessão. Em consequência, o crescimento da produção não teve um efeito proporcional sobre o desemprego. O número de desempregados continuou entre 10 e 12 milhões de pessoas, e não diminuiu de forma apreciável na segunda metade da década de 1930. O número de pessoas socorridas elevou-se de 22 para 25 milhões entre 1935 e 1936. O comércio exterior permaneceu abaixo da metade do nível de 1929. A dívida do governo federal fixou-se em 31 bilhões de dólares, crescendo 50% em três anos. A abundância de ouro – cujo estoque era de US$ 4 bilhões em 1932, e de US$ 10 bilhões em 1936 – continuou a ser um obstáculo ao renascimento do comércio exterior, à estabilização da moeda, e uma ameaça de inflação (ao longo da década de 1930, os EUA gradualmente abandonaram o uso do padrão-ouro, fortalecendo a moeda nacional, o dólar). O governo de Roosevelt também diminuiu as tarifas alfandegárias em certos produtos estrangeiros, assim estimulando o comércio doméstico. Mas a luta pelos mercados, particularmente na América Latina e na Ásia, contra a Grã-Bretanha, o Japão e a Alemanha, intensificou-se.

Os países metropolitanos enfrentavam a depressão em condições bastante diversas, o que acentuou a concorrência e a fratura do mercado mundial, através de políticas protecionistas. Alguns países possuíam vantagens relativas: os EUA (seu mercado e território enormes, sua área de influência na América Latina); a França (seu império colonial); a Inglaterra (seu antigo império e sua área de influência econômica, a "zona *sterling*", com países como a Suécia e a Noruega, que adotaram a libra inglesa como moeda de troca comercial externa). Mas as potências "atrasadas", como Japão, Alemanha ou Itália, eram pobres em reservas internacionais, e em matérias primas também, e viram seus mercados externos se fecharem, estando simultaneamente obrigadas a importar insumos industriais e matérias primas, inclusive alimentos.

A generalização mundial da depressão econômica tornou a situação dos trabalhadores desesperante, em todas as economias industriais. Para aqueles que, por definição, não tinham controle ou acesso aos meios de produção (a menos que pudessem voltar para uma família camponesa no interior), ou seja, os assalariados, a consequência básica da Grande Depressão foi o desemprego em escala inimaginável e sem precedentes, e por mais tempo do que já se experimentara em qualquer época. No pior período da Depressão (1932-1933), 22% a 23% da força de trabalho britânica e belga, 24% da sueca, 27% da americana, 29% da austríaca, 31 % da norueguesa, 32% da dinamarquesa e nada menos que 44% da alemã, não tinham emprego. E mesmo a recuperação depois de 1933 não reduziu o desemprego médio da década de 1930 abaixo de 16% a 17 % na Inglaterra e na Suécia. O único Estado ocidental que conseguiu eliminar o desemprego foi a Alemanha nazista, entre 1933 e 1938. A previdência pública na forma de seguro social ou auxílio-desemprego não existia, como nos EUA, ou era parca, sobretudo para os desempregados de longo prazo. No país em que as "garantias sociais" eram maiores, a Inglaterra, menos de 60% dos trabalhadores estava "protegida".

O novo papel do Estado e o keynesianismo

Adiantamos acima que o aprofundamento e generalização mundial da depressão econômica determinou uma mudança do papel do Estado capitalista. Para conter a crise, o Estado virou açambarcador, banqueiro e "produtor", comprando e estocando (ou destruindo) a produção agrícola, salvando o sistema bancário através de uma "socialização das perdas" (impondo ao Tesouro – isto é, aos contribuintes – as bancarrotas dos bancos e o saneamento financeiro), outorgando créditos, comprando participações acionárias, criando firmas públicas, orientando os investimentos, favorecendo as fusões: segundo Fritz Sternberg,

> o Estado começou a preencher a função outrora preenchida pela expansão do capital, assim como pelos setores 'protegidos' da economia, criando um novo setor econômico imunizado e garantindo uma melhor armonização do crescimento da produção e dos mercados.

O "keynesianismo" foi a expressão dessa saída capitalista para a crise do capital, constatando (e "teorizando") que quando a taxa de lucros caísse, a baixa da taxa de juros relançaria os lucros; ou que se a poupança aumentasse em demasia (em detrimento dos investimentos) o Estado deveria aumentar seus gastos, e pôr seu orçamento sob déficit controlado, sendo ainda possível redistribuir a renda, para relançar o consumo, através de medidas fiscais. A teoria keynesiana não fez mais do que expressar teoricamente, *ex post facto*, a mudança parcial do papel do Estado capitalista. A "política keynesiana" contra da crise foi elaborada, na verdade, bem depois da própria crise, e da sua resposta estatal.

John Maynard Keynes abordou as crises como um problema monetário. Segundo ele, um defeito da economia teórica precedente era que as crises nunca haviam sido analisadas pela teoria monetária. Esse descaso impedia que uma análise satisfatória se desenvolvesse. Sua obra teve uma preocupação com as questões práticas e conjunturais do capitalismo. Keynes não estava interessado em reformular a teoria econômica a partir da análise do valor, senão em averiguar porque razão as teses marginalistas (neoclássicas) levavam a políticas inconsistentes.

Sua obra de maior repercussão, a *Teoria Geral*, escrita durante a Grande Depressão, e publicada em 1936, surpreendeu pelas inovações dentro do liberalismo econômico, pois apresentava um sistema econômico onde o princípio do equilíbrio automático encontrava-se ausente. Keynes contrapunha-se os economistas clássicos por negarem a existência de crises e defenderem uma teoria autorreguladora, na qual qualquer desajuste no sistema econômico acabaria se ajustando por si só. Segundo os clássicos, nesse tipo de economia jamais poderia haver superprodução, porque a cada venda corresponderia a uma compra. Tais conceitos, de uma forma ou de outra, repetiam a Lei de Say, na qual, em regime de liberdade comercial, a produção desenvolveria seu próprio mercado. A depressão e o desemprego que afetaram os países capitalistas a partir de 1929 eram desajustes temporários que, naturalmente, se autocorrigiriam. Keynes atacou este conjunto de ideias. Sua teoria supunha que o capitalismo perdia seu equilíbrio (gerando as crises) porém poderia recuperá-lo a partir da circulação monetária. Afirmava também que tanto a perda do equilíbrio quanto sua retomada se conectavam.

Para que ocorresse o ajuste do sistema econômico diante de qualquer instabilidade, uma intervenção consciente e específica tornava-se, necessária. Assim, pode-se dizer que seria possível regular o funcionamento do sistema econômico do capitalismo. Mas, por que o sistema perdia o equilíbrio? Segundo Keynes, tanto a perda de equilíbrio como sua tendência ao estancamento estavam ligadas com:
a) As dificuldades para manter, em proporção, as

indústrias produtoras de bens de capital e de bens de consumo ou, como dito em termos monetários, a razão entre a inversão e o gasto; b) O grau de igualdade ou desigualdade na distribuição da receita nacional, por quanto este determina a razão antes mencionada; c) O fato de que a taxa de lucro era a menos efetiva de todos os aparatos supostamente reguladores do capitalismo.

Acreditava-se que a taxa de lucro era determinada pelo preço do capital, daquele capital considerado seguro, longe de qualquer risco, e que se ajustava, como qualquer outro, à oferta e à demanda do capital. Porém, não era isso que acontecia. A taxa de lucro nunca descia abaixo de um mínimo convencional determinado, não importando a oferta ou a demanda de capital. Segundo Strachey, "o que na prática determinava, em boa medida, a oferta do capital era a 'preferência pela liquidez' dos ricos".

Isto é, uma parte do dinheiro que poderia ser usado em investimentos passa a ser guardado em forma de papel moeda, de títulos ou de valores que possam ser convertidos rapidamente em dinheiro.

Este desinteresse que os capitalistas apresentavam pelos investimentos resultava em situações que, para Keynes, deflagravam uma crise. Quando a preferência dos ricos pela liquidez aumentava, parte de seus rendimentos não se gastava (utilizada para comprar bens de consumo) nem se investia (usada para comprar bens de capital). Em verdade, os ricos tentavam entesourar esta parte de seus rendimentos.

Essa operação se anulava essencialmente a si mesma, já que a demanda de bens de capital e de bens de consumo, por suposição, diminuía numa quantidade igual a este rendimento não gasto nem investido. Portanto, a produção em conjunto minguava, e começava uma depressão. O lucro, junto com os salários e todos os demais rendimentos, começava a secar. Em pouco tempo esta depressão havia minguado tanto os rendimentos dos ricos, que já não lhes restava nenhuma margem de rendimento para entesourar. Em breve, gastavam ou investiam todos os seus rendimentos, agora reduzidos; porém, agora, toda a economia marchava em um nível mais baixo. Havia uma margem de recursos sem utilizar e trabalho não empregado. Também não existiria nenhuma tendência automática para que a recuperação do pleno emprego. Pelo contrário, outra sacudida nos nervos já debilitados dos ricos muito bem poderia levá-los a tratar de entesourar inclusive parte de seus reduzidos rendimentos. Então, a série se repetiria e a economia cairia a um nível de atividade mais baixo.

As crises econômicas eram responsabilizadas pelas variações na propensão ao investimento e ao consumo, e na crescente preferência pela liquidez. A economia somente se recuperaria quando surgisse algo que interessasse aos capitalistas, um investimento novo e seguro. Nas análises de Keynes sobre produção e emprego, o fator responsável pela variação do emprego é a busca da mão-de-obra. A falta de emprego origina-se na escassez da produção de bens e serviços. Os investimentos seriam a resolução do problema pois, numa economia dinâmica como a capitalista, tornariam-na capaz de garantir o pleno emprego e de agir sobre a demanda. O pleno emprego caracteriza-se quando a demanda de trabalho é equivalente ou menor à sua oferta. Para garantir uma situação de pleno emprego, Keynes defendeu a presença econômica do Estado, dotado de uma política apropriada de investimentos e incentivos, como instrumento regulador que manteria, através da demanda necessária, os elevados índices de renda e emprego. Ele supunha que isso garantiria, a cada elevação deles, o aumento do consumo e dos investimentos.

Para que o Estado conseguisse executar a tarefa reguladora, passaria por uma transformação política e econômica. Seria dotado de uma série de instrumentos: regularia a taxa de juros, conservando-a abaixo da expectativa de lucros; aumentaria e fortaleceria o consumo por meio de expansão dos gastos públicos; aumentaria os investimentos através de empréstimos de caráter público capazes de assimilar os recursos ociosos. O fomento à demanda no mercado passou para primeiro plano e, em conexão com isto, o subsídio estatal, como medida anticíclica, aos investimentos e ao setor terciário. O descobrimento do "multiplicador dos investimentos", com a utilidade de acelerar o desenvolvimento da renda e do consumo, mediante investimentos e comissões subsidiadas pelo Estado, foi o eixo da "revolução keynesiana", que não fazia senão teorizar as políticas já postas em prática pela maioria dos Estados de alguma envergadura.

A "nova teoria" foi vista por todos os que tinham seus interesses arraigados no capitalismo, como uma "refutação" das teses marxistas. Keynes defendia que cabia ao Estado reacender a atividade econômica privada e isso só se tornaria possível através de um planejamento e de uma política de investimento público. Em resumo: 1) ao Estado cabe a responsabilidade de organizar o sistema financeiro; 2) o Estado agiria como assegurador futuro para a sociedade, pois a economia seria vista de forma global e não individual; 3) caberia ao Estado a manutenção do equilíbrio do sistema capitalista através da regulação das atividades financeiras.

Para Keynes, em última instância, as razões do "ciclo" vinculavam-se, não a leis objetivas da dinâmica econômica, mas a "características da natureza humana", a principal das quais seria que "as atividades positivas dependem de um otimismo espontâneo" (sic). Iniciada como uma variante da teoria da desproporcionalidade, a teoria keynesiana concluiu como uma psicologia, embora com uma clara base de classe. Quando Keynes entendia a "propensão descendente para consumir", e a "propensão ascendente para economizar", como resultados psicológicos de um incremento na renda, encobriu a diferença essencial entre renda salarial e renda do capital.

Para criar um modelo do sistema capitalista em seu conjunto, Keynes teve de usar conceitos como "demanda global", "inversões globais", "consumo global", etc. Esses conceitos, baseados nas teorias capitalistas do valor, que de uma forma ou de outra se resumem na teoria da utilidade marginal, carecem de verdadeiro sentido. Para dar sentido aos seus agregados globais, Keynes teve de introduzir o conceito de uma unidade de trabalho-padrão como instrumento de medida. Assim, tomava um aspecto limitado da teoria do valor baseado no trabalho, mas sem desenvolvê-lo em absoluto. Se as implicações do que estava fazendo tivessem sido seguidas até as últimas consequências, Keynes haveria de encontrar-se no ponto de onde partiram Adam Smith, David Ricardo e Karl Marx em suas tentativas para analisar o sistema econômico em conjunto. Mas toda tentativa dessa ordem, para ter consistência científica em suas bases teóricas, abalaria os fundamentos da teoria econômica capitalista, em sua versão vulgar ou "neoclássica". Keynes queria evitar tais conflitos: fazia, portanto, "política", em sentido estrito, no campo da ciência econômica, em vez de desenvolver a própria ciência. Isto lhe valeu a acusação, vinda de diversas frentes ideológicas, de ser, do ponto de vista teórico, um oportunista.[13]

Crise e classe operária

O sindicalismo tradicional dos EUA revelou-se insuficiente para enfrentar os problemas oriundos da crise: a 6 de março de 1930, um milhão de desempregados manifestaram (100 mil em Nova York; outro tanto em Detroit): a iniciativa fora do Partido Comunista da América (PCA), que criou o "Conselho Nacional de Desempregados"; o Partido Socialista (SPA), do seu lado, criou a "Aliança Operária". O ex-pastor A. J. Muste criou a "Liga Nacional de Desempregados" (com 10 mil membros só em Seattle, que chegou a ser chamada de "cidade soviética"): Muste fusionou posteriormente suas forças com os trotskistas, depois de dirigir a greve de Toledo, em 1934. Em certas regiões, aconteceu uma pequena "guerra de guerrilhas": ataques a depósitos de alimentos, autodefesa contra as expulsões das

---

13 Keynes era plenamente consciente da bem definida a posição que ocupava na *guerra entre as classes*: "É possível que me influencie aquilo que me pareça ser a justiça ou o bom senso, mas a guerra de classes me encontrará ao lado da burguesia educada", escreveu em *Essays in Persuation*, de 1931, antes (e, na verdade, a modo de prólogo) da sua *Teoria Geral*, mas já bem no meio da crise capitalista mundial.

casas. Em Dearborn houve uma "marcha da fome" de operários desempregados da Ford, com saldo de 3 mortos e 23 feridos graves. Em julho de 1932 aconteceu a "marcha do subsídio", com 25 mil ex-combatentes da Primeira Guerra Mundial reclamando, em Washington, a pensão prometida pelo governo. A marcha foi brutalmente reprimida pelas tropas comandadas pelo general Douglas Mac Arthur, assistido pelo então coronel Dwight Eisenhower e pelo então major George Patton.

Até 1930, o capitalismo norte-americano havia conseguido apartar o grosso do proletariado da militância de classe, por causa da ilusão no *american way of life*. Mas com a grande depressão o panorama mudou. Os milhões de desempregados aumentavam sem cessar, e o "fantasma comunista", tão agitado na década anterior, podia tornar-se real, montar-se na onda de desesperança e amargura. A política do presidente republicano Hoover, deixar que a crise se solucionasse sozinha, podia entender-se como um último esforço dos grandes bancos e a indústria pesada para controlar totalmente a economia nacional, aproveitando uma depressão que não controlavam. Essa tentativa, porém, além de ser feita às custas de importantes setores capitalistas, era demasiado perigosa. Um importante setor do Partido Democrata estava convencido da necessidade da intervenção estatal na economia: este setor mais lúcido e dinâmico da burguesia se impôs nas eleições presidenciais de 1932.

Franklin D. Roosevelt começou a governar e a forjar seu *New Deal* sob a depressão. A oposição, vencida politicamente, não advertiu de que ela era a única política alternativa frente à revolução social. O objetivo central do *New Deal* foi salvar o sistema de seu colapso. Em essência, seu programa não existiu. Toda sua ação apoiou-se em uma série de marchas e contramarchas impostas pela experiência de cada dia. Contudo, em todas essas idas e vindas houve duas constantes: uma foi o papel de protagonista que desempenhou o Estado, nas medidas econômicas que propiciava. A outra, o acento permanente posto no problema social do país. Que houvesse interesse nos mais altos níveis do Estado pela sorte dos despossuídos era um fato novo e insólito na história norte-americana. Não se tratava, porém, de "revolução", nem de altruísmo. Roosevelt e sua equipe percebiam que havia chegado a hora em que o capitalismo devia ceder algo de sua riqueza para poder subsistir. O *New Deal* devia responder a um núcleo bastante definido e restrito de interesses, que se beneficiavam com o aumento do consumo dos setores populares; a política de Roosevelt devia se orientar para conseguir tal aumento e, uma vez conseguido, mantê-lo na medida do possível.

Ao longo de seu primeiro mandato, legislou sobre salários, preços, seguros sociais, horários de trabalho. Programas de recuperação, como a *Agricultural Adjustment Administration*, foram criados com o intuito de regular a produção de produtos agropecuários. A *National Recovery Administration* foi criada para limitar os monopólios, estabelecer salários mínimos e limites na carga horária de trabalho (esta agência, porém, foi fechada pelo Congresso, em 1935). Outros órgãos federais foram criados. O *Federal Deposit Insurance Corporation* foi criado em 1933 para promover transações e o comércio bancário. O *Securities and Exchange Commission*, criado em 1934, regulava a Bolsa de Valores e devia evitar que acionistas comprassem ações que o órgão considerasse "perigosas". O *National Labor Relations Board* foi criado em 1935 para regular sindicatos, e "proteger os trabalhadores e seus direitos". Ainda em 1935, o Ato da Segurança Civil passou a fornecer pensões mensais para aposentados, bem como ajuda financeira regular, por um certo período de tempo, para pessoas desempregadas.[14]

---

14 As agências governamentais eram autarquias, e receberam o apelido irônico de *alphabet agencies* (agências alfabéticas) devido à profusão das siglas com que eram designadas: CCC (*Civilian Conservation Corps*), TVA (*Tennessee Valley Authority*), AAA (*Agricultural Adjustment Administration*), PWA (*Public Works Administration*), FDIC (*Federal Deposit Insurance Corporation*), SEC (*Securities and Exchange Commission*), CWA (*Civil Works Administration*), SSB (*Social Security Board*), WPA (*Works Progress Administration*), NLRB (*National Labor Relations Board*), etc. Algumas existem até hoje.

O governo financiou programas de socorro e obras públicas, que deram trabalho a 4 milhões de desempregados. Estas medidas lhe granjearam a adesão das massas. Por outro lado, as medidas de "proteção do trabalho" foram contrabalançadas por uma racionalização produtiva de primeira magnitude, que estendeu seus efeitos para bem além da depressão. Henry Ford estabeleceu a jornada de oito horas, mas foi também responsável por uma importante inovação técnica, a linha de montagem, que permitiu a redução dos custos e o aumento da produtividade, isto é, o rendimento do trabalho e dos demais agentes da produção. A aplicação das técnicas *fordistas* em várias indústrias de bens de consumo gerou uma queda de preços em todo o país, que foi outro fator de recuperação da economia norte-americana.

Na medida em que a política de Roosevelt se definia, e se aliviava a situação dos setores populares, também se fortalecia a oposição republicana, que desatou uma ofensiva política. Esta tinha a seu favor: 1) As milionárias cifras gastas em socorro e obras públicas, enquanto a fome subsistia e havia milhares de desempregados. É certo que houve um alívio no primeiro ano do *New Deal* (de um índice de 24,9% de desempregados em 1933, passou-se a 21,7% em 1934), porém essa tendência a baixar se deteve, em 1935, em 20,1%; 2) Fracassara a política de reativar a indústria através da Lei Nacional de Recuperação Industrial (NIRA).

A indústria, certamente, havia se recuperado parcialmente em 1933, mas, em 1935, quase um terço de sua capacidade estava ociosa. Para piorar as coisas, a fase propícia do ciclo econômico não se aproximava, e os industriais não investiam. Para sorte da oposição encabeçada pelas grandes finanças, os principais problemas continuavam a existir. A saída do governo foi mobilizar a classe operária para lutar por seu direito, negado durante tanto tempo, de organizar-se em sindicatos industriais. Dava-se, portanto, um objetivo preciso às lutas operárias, e se cerceava e controlava as massas com organismos que podiam ser "institucionalizados". Em um ponto tal solução coincidia com os objetivos concretos do *New Deal*: a maioria dos operários trabalhava nas fábricas da indústria pesada; ao fomentar sua organização, o governo golpeava no coração de seu principal opositor.

No momento mais profundo da crise, a classe operária americana ficara essencialmente passiva. Isso foi resultado, de um lado, da violência dos golpes aos quais foi exposta depois de um longo período de prosperidade e, de outro lado, ao fato de entrar na crise com organizações pequenas e débeis, tanto no terreno político quanto econômico.[15] A decadência da AFL

---

15 O movimento operário apolítico e amarelo, representado pela AFL (*American Federation of Labor*, Federação Americana do Trabalho) já se encontrava em crise na

(*American Federation of Labor*), que experimentou uma diminuição do número de filiados de 4.000.000 no começo da década de 1920 para 2.500.000 em 1932, e a proliferação e crescimento de sindicatos de empresas, desvinculados entre si e inteiramente a serviço da patronal, que chegaram a abranger mais de 1.500.000 operários, tem sua melhor explicação na

---

década da *prosperity* (1920), bem antes da crise de 1929 e o consequente desemprego em massa. Desde 1920, ano em que atingiu o máximo de filiados em sua trajetória, o retrocesso do AFL foi constante. O número de conflitos diminuiu de forma notável: de mais de 4.000.000 de grevistas em 1919, decresceu para 330.000 em 1926 e, de 1927 a 1931 a média anual de grevistas foi de 275.000. As derrotas recaíam sobre as mobilizações operárias e desmoralizaram bases e líderes. Foram muitos os meios empregados contra o sindicalismo. A cumplicidade dos tribunais de justiça brindava a possibilidade da interpretação distorcida das leis. Aplicavam-se leis contra os operários como a Lei Sherman, originalmente sancionada para evitar as práticas monopolistas. O método não era novo, mas a frequência com que foi usado fez com que praticamente não houvesse greves que fossem legais, e nas quais os dirigentes que as liderassem não corressem perigo de ser presos. A falta de legislação trabalhista também permitia a política de *open shop* (oficina aberta), pela qual cada fábrica tinha o direito de contratar operários não pertencentes a sindicatos, e a prática dos contratos de não filiação (*yellow dogs contracts*), que impediam legalmente a seus assinantes a filiação aos sindicatos.

necessidade do capitalismo de liquidar sindicatos que, segundo a afirmação de Gramsci, lutavam ainda

> pela propriedade do trabalho contra a liberdade industrial. O sindicato operário norte-americano é mais a expressão corporativa da propriedade dos ofícios qualificados do que outra coisa, e por isso sua destruição, arquitetada pelos industriais, tem um aspecto progressista.

No início da década de 1920, os militantes sindicais comunistas tentaram uma reelaboração da prática sindical desde o seio da AFL. Lançaram um programa de organização pelas fábricas que superava a distinção entre ofícios e a separação com os não especializados por meio da união entre eles. Para não se chocarem com a burocracia, estas fusões deviam ser voluntárias. Esse programa não tardou a ser torpedeado pela direção da AFL.

A partir de 1933, no entanto, a história da classe operária norte-americana caracterizou-se por uma atividade e uma combatividade quase ininterrupta. Tentativas obstinadas e persistentes de organização, culminando frequentemente em lutas grevistas, foram empreendidas pelos operários, inclusive aqueles das indústrias-chave, tais como a de aço, automóveis, borracha, empresas de serviços públicos e navegação onde, no passado, o movimento sindical nunca tinha podido criar raízes. As greves destacaram-se como um poderoso impulso da solidariedade e da consciência de classe, englobando dezenas de milhares de operários pertencentes às diferentes indústrias, e frequentemente também de frações das camadas intermediárias da pequena burguesia que sustentavam a luta dos operários grevistas.

Os efeitos dessa nova etapa do desenvolvimento do capitalismo norte-americano e da pressão das massas refletiram-se na polêmica dentro da AFL: os dirigentes de alguns dos grandes sindicatos filiados – como John L. Lewis, dos mineiros – atacaram de frente a política tradicional dos "sindicatos de ofício", e exigiram que fosse atribuído aos trabalhadores das indústrias de produção de massa o direito de organizarem-se nos sindicatos de indústria, e que se realizasse uma campanha nesse sentido. No interior da AFL constituíram um comitê para a organização de sindicatos de indústria (CIO, *Committee of Industrial Organizations*, Comitê de Organizações Industriais) a fim de auxiliar os operários das indústrias mais importantes a se organizar sobre a base das indústrias. Recusaram-se a satisfazer a exigência da executiva da AFL de dissolver o CIO e desenvolveram uma campanha de organização na indústria pesada. Um vasto movimento de organização e de greve em uma indústria-chave não era uma questão puramente sindical. Ele conduzia necessariamente a um conflito com a classe burguesa em seu conjunto e com o aparelho governamental, o que implicaria em conseqüências sociais profundas.

Ainda que o número de filiados aos sindicatos aumentasse em cerca de um milhão após 1932, os operários das indústrias-chave permaneciam desorganizados em sua maioria. Todas as vagas de organização sindical nessas indústrias foram quebradas pela colaboração dos patrões, dos organismos governamentais de arbitragem e dos burocratas dos sindicatos, frequentemente antes que se tivesse atingido o ponto culminante de uma greve. Mas não diminuiu a vontade dos operários de se organizar, nem a sua combatividade, em que pese as tentativas da burocracia sindical de colocá-los em guarda contra o "perigo vermelho". O PC dos EUA (PCA), em reação contra os exageros aventureiros "terceiro período", passou a levar adiante uma política oportunista, apoiando sem críticas os burocratas sindicais "progressistas", e até colaborando com elementos reacionários nos sindicatos, apoiando o *Farmer-Labor Party*, inaugurando até uma colaboração com políticos dos partidos capitalistas com ares "progressistas", atacando o partido republicano como única agência "verdadeira e direta" do fascismo e da guerra. Isto ajudava Roosevelt que, sob a cobertura de um liberalismo demagógico (na acepção americana do termo), constituía-se no agente do imperialismo americano e de seus preparativos de guerra.

O Partido Socialista (SPA) americano não contava com mais de 16 mil membros, metade dos efetivos do PC dos Estados Unidos, ainda que obtendo nas eleições muitos mais votos que este. Durante vários anos, o SPA foi dominado pela "velha guarda" conservadora de Morris Hillquit e seus sucessores. No entanto, a crise levou ao SPA elementos jovens e, com eles, novas tendências desenvolveram-se, causadas tanto pelas condições dos Estados Unidos como pelas derrotas da classe operária na Alemanha, Áustria e Itália.

Foi nesse clima de "apoio estatal ao movimento operário" que, em 1935, John L. Lewis do *United Mine Workers* (sindicato de mineiros) acabou retirando-se da AFL e tornou independente a CIO, que defendia o critério de organização sindical por ramos da indústria e não por ofício (como defendia a AFL). Essa divisão pôs em evidência a existência de sindicatos, como o dos mineiros, por indústria, que a AFL não reconhecia, apesar de existirem em seu seio. E também a existência na base operária de mudanças importantes, na organização, na combatividade e na militância, com reflexos claros nas greves de 1933-34. Roosevelt, ao buscar o apoio político do movimento operário, especialmente com a Lei Wagner (a *National Labor Relations Act*), deu respaldo à formação da CIO.[16] Dentro da

---

16 Daniel Guérin descreveu assim a situação: "As três letras CIO passaram a brilhar na consciência operária como um ente mágico, que encarnava todas as aspirações, todas as esperanças, toda a confiança de milhões de trabalhadores

CIO, e respondendo à política de Frente Popular defendida pela Internacional Comunista desde 1935, o PCA teria um lugar importante em sua liderança e organização. O apoio do movimento operário foi uma das bases da reeleição de Roosevelt em 1936.

Mas, no mesmo pleito eleitoral, a participação política organizada de setores dos trabalhadores na *Labor Non-Partisans League* (LNPL) representou uma ruptura com a antiga escola de prática política. No passado, a burocracia sindical se limitava a endossar tal ou qual "amigo" nas fórmulas políticas capitalistas. Nas presidenciais de 1936, e nas eleições municipais e estaduais posteriores, houve pela primeira vez um esforço sistemático por organizar e mobilizar a força política dos trabalhadores como uma força separada. Esse novo movimento, representado pela LNPL, era uma etapa no desenvolvimento do movimento operário contra a subserviência completa aos partidos

---

por fim revelados a si mesmos. Repetiram-nas e cantaram-nas como se houvessem bebido um filtro. O sindicato virou o centro da vida de todos esses seres humanos durante tanto tempo subjugados e frustrados. Não era somente um frio escritório de negócios, encarregado de negociar questões de salários, como a AFL, mas um lugar, uma escola, um lugar de diversões e de alegria. Os trabalhadores norte-americanos, a quem a sociedade capitalista havia feito individualistas, egoístas, cínicos, duros, descobriram um tesouro desconhecido: a camaradagem."

do grande capital, e por um partido independente dos trabalhadores.

A "normalização" da CIO

No segundo mandato de Roosevelt, porém, produziu-se a "normalização" da CIO. O deslocamento para a direita da CIO, uma vez consolidada esta (com 3.727.000 filiados em 1937, contra 3.440.000 da AFL) iniciou-se com um movimento de reaproximação com seus antigos inimigos: John Lewis, rompendo com a AFL em 1936, tinha dado um passo adiante em relação ao "gompersismo" (de Samuel Gompers, líder histórico da AFL) mas, para Guérin,

> os fundadores da CIO – Lewis, Hillman, Dubinsky – não fizeram senão pôr uma camisa de força num movimento novo e de esquerda que já se desenvolvia. Não tiveram sucesso total, pois um número importante de revolucionários, com o consentimento daqueles, penetraram a nova organização, e nela construíram trincheiras tão sólidas que depois foi impossível desalojá-los. Mas atingiram seu objetivo essencial: criar uma nova AFL de tendência moderada e evitar a formação de uma nova central sindical combativa e vermelha.

Para Trotsky, o surgimento da CIO não era só uma "virada", mas um índice da crise geral do capitalismo:

> Qual a razão da emergência da CIO? É o declínio do capitalismo norte-americano. Na Grã-Bretanha, o início desse declínio produziu somente os grandes sindicatos de indústria. Mas esses sindicatos só apareceram em cena nos EUA mesmo a tempo de assistirem à nova fase do declínio do capitalismo ou, mais exatamente, podemos dizer que a primeira crise de 1929-33 dá o empurrão inicial e desemboca na criação da CIO. Mas mal se tinha ainda organizado, a CIO teve que enfrentar a segunda crise, a de 1937-38, que continua a aprofundar-se. Que significa isto? Os sindicatos precisaram de muito tempo para se organizarem nos EUA, mas agora que existem seguirão a mesma evolução que os sindicatos ingleses. Isso quer dizer que nas condições atuais de declínio do capitalismo eles serão forçados a voltar-se para a ação política. Creio que é a coisa mais importante.

Trotsky propôs então aos seus partidários nos EUA a luta por um *Labor Party* (partido trabalhista).

E já em novembro de 1937, os dirigentes da CIO John Lewis e Homer Martin intervieram contra os grevistas da Pontiac: a grande imprensa chamou então o odiado Lewis de *Labor Stateman*. Em 1940, o dirigente sindical Walter Reuther, na General Motors, chamou a "aceitar o pior dos acordos, pelo bem do país": Reuther abandonou o SPA para apoiar o governador Murphy para o Senado; Philipp Murray convidou para o congresso da SWOC o prefeito de Chicago (Kelly)

– responsável pelo "Massacre do Memorial Day" de 1937 – no quadro do apoio à terceira eleição de Roosevelt. Por trás desse processo encontrava-se a recaída na crise do capitalismo norte-americano, a partir de 1937.

Na resolução de fundação do SWP (*Socialist Workers Party*), de 1938, afirmava-se: "Seis anos depois, o New Deal, como um programa primário de gastos e subsídios governamentais, demagogia liberal e concessões sociais para camponeses e trabalhadores, conclui em um colapso definitivo. A intolerável crise econômica continua. O ciclo dos negócios recusa-se a emergir por mais do que curtos e insatisfatórios períodos. A impraticabilidade de uma solução na base do New Deal, e a fatuidade das soluções propostas no velho estilo republicano da Câmara de Comércio, tornam-se evidentes. Na medida em que as medidas internas fracassam e não oferecem saídas, a burguesia dos EUA se volta para as medidas externas, para a guerra". Simultaneamente, era colocada a perspectiva do "endurecimento" político interno:

> O colapso do New Deal, e os insuperáveis e ascendentes conflitos internos do capitalismo americano, colocam de modo cada vez mais claro para a burguesia a necessidade de abandonar a democracia parlamentar e jogar a carta fascista como único meio para conservar seu poder e privilégios. Os mesmos

fatores chamam a atenção de desempregados, pequenos fazendeiros, classes médias e proletários desmoralizados para a demagogia e a organização fascistas.

Em 1940, Roosevelt se apresentou novamente como candidato presidencial. A Segunda Guerra Mundial fez com que sua eleição fosse bem sucedida, mais do que o "êxito" (bastante duvidoso) da política do *New Deal*. O apoio à guerra era muito grande, à diferença do que ocorreu na Primeira Guerra Mundial, e apesar da existência de líderes sindicalistas como John L. Lewis que se opunham à entrada na guerra dos EUA. A figura de Hitler, e o ódio que despertava, devido à sua política interna hiper-reacionária, foi decisiva para essa mudança. Roosevelt isolou e reduziu o espaço dos principais líderes de esquerda do CIO antes de iniciar o rearmamento de 1940-41.

Os desempregados, de 10 milhões (em 1934-35) passaram para 8 milhões (em 1936-37), mas superaram 11 milhões em 1938, e ainda eram 10 milhões em 1940. O índice de produção industrial, de 110 em 1929, tinha caído para 58 em 1932. Com sua política inflacionária, Roosevelt fomentou a recuperação: o índice pulou para 87 em 1935, para 103 em 1936, para 113 em 1937. Mas, a partir de agosto desse ano, a recessão reapareceu: a produção caiu 27% em quatro meses. Esta situação só seria superada com o início da Segunda Guerra Mundial e com a aprovação do maior orçamento de defesa dos EUA em tempos de paz: só a guerra deu, portanto, um fim à depressão iniciada em 1929. O quadro só seria revertido em 1942, depois do ataque japonês a Pearl Harbor, quando a máquina bélica norte-americana começou a funcionar a todo vapor, revitalizando a economia dos EUA, e levando-a também para um patamar de monopolização inédito na história mundial do capitalismo. Apesar dos programas governamentais criados com o intuito de reduzir o desemprego, cerca de 15% da força de trabalho americana continuava desempregada em 1940. Foi necessária a entrada do país na Segunda Guerra Mundial para que as taxas de desemprego caíssem aos níveis de 1930. A entrada do país na guerra acabou com os efeitos negativos da Grande Depressão, a produção industrial americana cresceu drasticamente, e as taxas de desemprego caíram. No final da guerra, apenas 1% da força de trabalho americana estava desempregado.[17]

---

17 Entre 1939 e 1945, os Estados Unidos exportaram mercadorias por um valor superior a 60 bilhões de dólares. O Estado não só financiou o comércio externo, mas também, diante das necessidades de guerra, a produção agrícola, que cresceu em 32%. Durante a Segunda Guerra Mundial surgiram 2.600 novos estabelecimentos industriais, por um valor de 25,8 bilhões de dólares. A arrecadação fiscal cresceu até 138 bilhões de dólares (em meados de 1945 atingiu... 216 bilhões de dólares). Os EUA produziram, durante o conflito bélico, mais armamentos que o Japão, a Alemanha e a Itália reunidos, e deixaram a Grã-Bretanha em situação de dependência econômica e financeira. Os Estados Unidos, sem ter sofrido perdas

O início da Segunda Guerra Mundial encontrou a classe operária norte-americana com bases firmes para a luta: conforme a produção industrial se reavivava sob o estímulo da concessão de créditos (*Lenlease*) e o rearmamento, os operários organizados na CIO iniciaram uma greve por aumento de salários, direcionada diretamente a Roosevelt e ao Comitê de Mediação da Defesa. À cabeça estavam os mineiros, e seu sindicato fundamentou, no precedente de *closed shop*, a eliminação das diferenças tradicionais de salários com o Sul. Motivados por isso, os trabalhadores das indústrias de *open shop* começaram a se juntar nas campanhas organizativas da CIO. Ford e Bethlehem, os mais importantes patrões anti-CIO, cederam em 1940 às demandas do sindicato automotriz e do comitê para a organização dos trabalhadores de aço. Os piquetes de massas, as esquadras móveis e o bloqueio por meio de carros, voltaram a ser métodos de luta, em especial na greve da Ford. Ainda que a repressão estivesse aumentando, o clima geral do verão-outono de 1941 teve um impulso que recordava o "espírito de 1937", que foi apagado pela ofensiva patriótica consecutiva à entrada dos EUA na guerra.

---

territoriais nem invasões, nem bombardeamentos aéreos, detinham, em 1945, 60 % da produção mundial.

Depressão e nazismo

Diversas foram as consequências da crise de 1929 na Europa. Na Alemanha, a crise agravou os resultados da hiper-inflação de 1923, depois de uma "prosperidade" relativamente breve durante a década de 1920. Dentro da burguesia, só os grandes industriais e banqueiros sobreviveram: a média e pequena burguesia, arruinada pela inflação e deflação alternantes, acabou sub-proletarizada. Os camponeses, menos atingidos pela crise, eram uma minoria nesse país industrializado. Os trabalhadores industriais sofriam, com o desemprego de massa, uma miséria densa, na qual a procura de um emprego parecia interminável. A juventude carecia de qualquer perspectiva de trabalho, ou de vida "normal": milhões de jovens viraram nômades, muitos enchiam os "campos de trabalho". A República de Weimar cortou os fundos públicos de ajuda social para desempregados. Quando a recessão chegou ao seu auge em 1932, a República de Weimar perdera toda sua credibilidade junto à população alemã. Fenômenos de decomposição social se desenvolveram em grande escala (droga, alcoolismo, prostituição). O desespero e a cólera se voltavam contra os governos da República de Weimar, frequentemente ocupados pelos socialistas (SPD). Toda esperança, todo "bode expiatório", eram aceitos: o nazismo, em escala maior que o fascismo italiano, foi capaz de mobilizar a pequena-burguesia desesperada (explorando seu medo da proletarização).

Nascido nas margens do exército, o partido nazista (NSDAP) foi timidamente financiado, no início, por setores burgueses: o editor Bruckham, o fabricante de pianos Bechstein. Com a crise de 1929, o caixa nazista recebeu o apoio dos *konzern* (Kirdorf, do carvão; Vorgler e Thyssen, do aço; IG Farben; o banqueiro Schroeder, etc.), os cartéis alemães. As suas possibilidades de agitação e propaganda, a sua autoconfiança e, sobretudo, a sua capacidade de subornar (policias, juízes, militares) cresceram então geometricamente. Às classes médias desesperadas, os nazistas propunham remédios contra a angústia: xenofobia, racismo, nacionalismo exacerbado, acompanhados de uma demagogia anticapitalista que apontava contra os judeus (desde o século XIX designados como "encarnação do capital": o fundador do Partido Social-Democrata, August Bebel, já chamava o antissemitismo de "socialismo dos imbecis"). Também eram denunciados o "imperialismo" (o *diktat* de Versalhes), os *bonzos* (os dirigentes sindicais, acusados de colaboração com os judeus): os nazistas chegaram a apoiar as "greves selvagens" à margem dos sindicatos. E, sobretudo, o NSDAP usava a violência e o terror contra seus "inimigos", para demonstrar ao seu "público" sua determinação em atingir seus objetivos.

Os símbolos nazistas (incluídos os grandes desfiles militares) exprimiam o seu conteúdo, com o qual formavam uma unidade. O *racket* (chantagem "protetora") foi usado em larga escala para encher o caixa do NSDAP. E, sobretudo, o nazismo oferecia uma saída imediata para a juventude desempregada: o emprego nas suas fileiras, fardado, nas milícias armadas, nas SA (tropas de assalto) e, depois, nas SS (*Schutzstafel*, destacamento da guarda, na verdade guarda de elite particular de Hitler, apelidada de "camisas negras"). O emprego, o salário, a farda, devolviam aos jovens o que eles julgavam ser uma existência que a sociedade lhes negava. A militância nazista passou, então, de 176 mil em finais de 1928 para 800 mil em finais de 1931 (mais de um milhão no ano seguinte). Mas comunistas e socialistas também cresceram: em 1928, os dois partidos somados obtiveram 12.418.000 votos; em 1930, 13.160.000 (os nazistas só obtinham 6,4 milhões).

O fator decisivo, porém, foi a recusa dos partidos de esquerda a realizar uma Frente Única contra os nazistas. O SPD contava com um milhão de membros, cinco milhões de filiados sindicais, centenas de milhares de militantes na organização de autodefesa *Reichsbanner*: em setembro de 1930, em plena crise econômica, ainda obtinha 8,5 milhões de votos (143 deputados) contra 6,4 milhões (107 deputados) do NSDAP. Mas o SPD buscava uma "via intermediária" entre o nazismo e o "bolchevismo": a sua política era a "defesa da República (de Weimar)", reclamava leis repressivas contra o nazismo, a ação da polícia e dos tribunais. Finalmente, apoiaram a política deflacionista do chanceler Brühning (geradora de miséria), a suspensão do Reichstag, o governo por decretos-lei, chamaram a votar o Marechal Hindenburg para a presidência da República.

Os votos do SPD caíram para 7,96 milhões em julho de 1932, e para 7,25 milhões em novembro desse ano. Os partidários da "Frente Única Operária" no SPD foram excluídos: eles constituíram o SAP (Partido Socialista Operário), com dezenas de milhares de membros, partido que em 1933 (depois da ascensão de Hitler) assinaria, junto aos partidários de Trotsky (a Liga Comunista Internacionalista) e a dois partidos de esquerda holandeses, uma declaração em favor da IV Internacional.

O KPD (partido comunista) progredia: 3,27 milhões de votos em 1928; 4,59 milhões em 1930; 5,37 milhões em julho de 1932; 5,98 milhões em novembro desse ano. Junto ao SPD, teria tido todas as chances de barrar os nazistas, mas a sua política de divisão (denúncia do SPD como "social-fascista") foi tal que levou o historiador R. T. Clark a afirmar:

> É impossível ler a literatura comunista da época sem sentir calafrios diante do desastre a que leva um grupo de homens inteligentes à recusa de usar a inteligência de modo independente.

O KPD insistia na procura de temas comuns com os nazistas (contra o Tratado de Versalhes, pela independência nacional, contra os *bonzos*) até usar uma terminologia semelhante ("revolução popular").[18] Chegou a afirmar que antes de combater o "fascismo", era preciso combater o "social-fascismo" (o SPD), propondo então a "frente única pela base" aos operários socialdemocratas. No conjunto, a sua política era definida pelo dirigente da Internacional Comunista, Manuilski: "O nazismo será o último estágio do capitalismo antes da revolução social"... Em julho de 1932, os partidos operários obtinham ainda 13.300.000 votos (mas os nazistas já obtinham 13.779.000). Nas eleições de novembro desse ano, SPD e KPD (Partido Comunista da Alemanha) somados, obtinham 13.230.000 votos; o NSDAP, 11.737.000: *foi quando se desenhava um declínio político do nazismo que o presidente Hindenburg (eleito com apoio socialista) chamou (em janeiro*

---

18 Em abril de 1931, o KPD chamou, junto ao NSDAP, a votar contra o SPD para derrubar o governo socialista da Prússia, no plebiscito vermelho (que os nazistas chamaram de plebiscito negro). Em novembro de 1932, aliou-se aos nazistas contra os bonzos socialdemocratas na greve dos transportes de Berlim. Em consequência desses posicionamentos aconteceram as crises políticas que derrubaram sucessivamente o governo centrista de Brühning, o gabinete Von Papen em novembro de 1932, e depois o governo do general Von Schleicher, até o chamado a Hitler para se transformar em chanceler, a 30 de janeiro de 1933.

de 1933) o chefe nazista Hitler, para ocupar a chancelaria do Reich.[19]

Hitler chegou ao poder sem resistência operária e com o apoio da burguesia, apoio intermediado pelo ex-ministro de finanças do governo centrista de Stressemann (na República de Weimar), Hjalmar Schacht, que chegou a um acordo com o NSDAP através do banqueiro Schroeder. Rapidamente, os novos donos do poder passaram a organizar um regime novo, não sem antes montar uma provocação contra o KPD através do incêndio do *Reichstag*, o parlamento alemão (a 27 de fevereiro de 1933). Com 3 milhões marcos fornecidos pelo grande capital, mais o terror das SA, os nazistas cresceram, nas eleições de 1933, de 33% para 44% dos votos. A 23 de março, o *Reichstag* votou os plenos poderes para Hitler, contra o voto da bancada do SPD (e com o KPD já na ilegalidade), mas com o voto favorável do *Zentrum* católico e de outros partidos "moderados".

---

19 Sem chegar à polarização da Alemanha, na Grã Bretanha, por exemplo, tanto o Partido Comunista quanto o Partido Fascista britânico receberam considerável suporte popular. O mesmo ocorreu com o Partido Comunista canadense. Outros partidos prometiam retirar o país ou a região da crise econômica. O Partido do Crédito Social do Canadá, de cunho conservador, ganhou grande suporte popular em Alberta, província canadense severamente afetada pela Grande Depressão.

A ascensão de Hitler ao poder foi acompanhada da destruição do movimento operário. Goebbels escrevera em seu jornal:

> Quando os sindicatos estiverem nas nossas mãos, os outros partidos ou organizações não aguentarão muito tempo... Em um ano, a Alemanha inteira terá caído em nossas mãos.

Foi em menos tempo que isso. O 1º de maio seguinte à ascensão de Hitler (1933) foi proclamado, pelos nazistas, feriado nacional, e um desfile-monstro foi organizado em Berlim. O dia seguinte foi o dobre de finados para as esperanças ainda acalentadas pelos dirigentes do movimento sindical alemão, ligados ao Partido Socialdemocrata (SPD), de serem poupados pelo governo nazista e seu chanceler. Os dirigentes sindicais foram presos, espancados e jogados em campos de concentração. E sobre os escombros do mais poderoso movimento operário da Europa, Hitler criou a "Frente do Trabalho". Já em 10 de maio, Goering deu ordem de ocupar todos os prédios do Partido Socialdemocrata, seus fundos foram confiscados, sua imprensa proibida.

Quanto ao Partido Comunista Alemão (KPD), estava de fato interditado desde o incêndio do *Reichstag* (a 27 de fevereiro de 1933), que foi muito oportunamente atribuído aos dirigentes do KPD, e em particular a George Dimitrov, dirigente da

Internacional Comunista. A 2 de maio, depois de um 1º de Maio transformado em parada nazista (mas onde participara o SPD...), os sindicatos alemães foram dissolvidos, e seus bens confiscados. A 14 de julho de 1933 (aniversário da Revolução Francesa!) os partidos políticos foram dissolvidos, o NSDAP foi proclamado "partido único", o Estado nazista, a criatura mais monstruosa da história política, estava lançado.

Nesse exato momento, em junho de 1933, Trotsky escrevia:

> O prazo que nos separa de uma nova catástrofe europeia está determinado pelo tempo necessário para o rearmamento alemão. Não se trata de meses, mas tampouco de anos. Se Hitler não for detido a tempo pelas forças internas da Alemanha, alguns anos bastarão para que a Europa se encontre novamente lançada a uma guerra.

A mudança de atitude dos chefes nazistas, que nesse momento faziam declarações pacifistas, só podia "assombrar os mais bobos". Os nazistas recorreriam à guerra como única forma de responsabilizar os inimigos externos pelos desastres internos. Trotsky previu a II Guerra Mundial logo no início da década de 1930: na sua análise, Hitler, em toda sua mediocridade, não criou política ou teoria próprias. A sua metodologia política foi emprestada de Mussolini, que conhecia a teoria da luta de classes de Marx suficientemente bem para utilizá-la contra a classe trabalhadora. A sua teoria de raça devia muito às ideias de racismo do diplomata e escritor francês, conde de Gobineau. A habilidade política de Hitler consistiu em "traduzir a ideologia do fascismo ao idioma do misticismo alemão" e assim mobilizar, como fez Mussolini na Itália, as classes intermediárias golpedas pela crise contra o proletariado (a única classe que poderia ter barrado o avanço nazista).

Guerra, democracia e barbárie

Antes de tomar poder do Estado o nacional-socialismo praticamente não tinha acesso à classe operária. Também a grande burguesia, mesmo aquela que apoiava o nacional-socialismo, não via aquele partido como sendo o seu. A base social sobre a qual o nazismo se apoiou para a sua ascensão foi a pequena-burguesia, arrasada e pauperizada pela crise na Alemanha. Foi também nesse meio que os mitos antissemitas encontraram o seu campo mais fértil de propagação. O capitalismo conheceu um prolongado processo de reorganização, que começara em 1924 e culminaria com os efeitos da guerra de 1939. Esse processo constituía a consequência do fracasso da ascensão revolucionária, e da oportunidade que teve a burguesia de dominar o mundo por um novo período histórico: "A situação política mundial em seu conjunto caracteriza-se principalmente pela crise histórica do proletariado", disse Trotsky. Isto queria dizer não apenas que a burguesia estava procedendo à reorganização da economia mundial através do desemprego, da miséria, da opressão política e da guerra, mas também que poderia continuar fazendo isso enquanto essa crise não encontrasse um princípio de solução. Nesse quadro se podia considerar o processo de reorganização capitalista.

A reorganização capitalista estava marcada pelo auge dos EUA, e "a superioridade dos Estados Unidos pode encontrar sua expressão em novas formas, cujo caminho somente pode ser aberto através da guerra". Foi o que efetivamente ocorreu. As fronteiras capitalistas não desapareceram de um só golpe ao término da guerra, mas o lugar dos Estados Unidos como potência imperialista dominante assumiu um caráter peculiar, que lhe permitiu, sobretudo através dos movimentos financeiros e da posição do dólar como moeda mundial, uma subordinação relativa do resto dos estados capitalistas. Em 1934, Trotsky considerava já que a guerra mundial estava na agenda política internacional:

> As mesmas causas, inseparáveis do capitalismo moderno, que provocaram a última guerra imperialista alcançaram agora uma tensão infinitamente maior que a de meados de 1914.

Era a forma através da qual o imperialismo buscava um novo equilíbrio, a destruição e a carnificina de dezenas de milhões de homens.

Diversamente da Alemanha, a "democracia" salvou-se na Inglaterra, mas em meio a profundas crises do regime político, e sem consequências internacionais "democráticas" imediatas. A longa crise dos anos 1920 e 1930, nesse país, atingira particularmente os setores da primeira industrialização, que alicerçaram o poder do capitalismo britânico no século XIX: as explorações de carvão, a metalurgia, a indústria têxtil. Na nova fase, desenvolveram-se as indústrias da segunda geração: a indústria elétrica (que dobrou o número de seus assalariados entre 1924 e 1937), a automobilística (que dobrou sua produção entre 1929 e 1937), os transportes rodoviários, a seda artificial, as indústrias alimentares. Essa reestruturação foi fortalecida por consideráveis operações de organização setorial ou de concentração, impulsionadas pelo Estado: a indústria carbonífera compreendia mais de mil empresas nos anos vinte. Depois de 1930, uma Comissão de Reorganização tomou as decisões sobre a produção e a exportação, e um Conselho Central das Hulheiras favoreceu a reorganização e a fusão. Na siderurgia, o Comitê de Reorganização suscitou, em 1932, a fusão de duas mil empresas no trust *British Iron and Steel*. Estas políticas foram impulsionadas pelo representante "dos trabalhadores" no governo.

Pois a grande depressão econômica, com efeitos devastadores na economia inglesa, levou novamente o *Labour Party* para o governo, como na década de 1920, com Ramsay MacDonald novamente como primeiro ministro. MacDonald pediu ao rei George V que formasse uma comissão para estudar e discutir o problema econômico da Grã-Bretanha. Quando este comitê produziu seu relatório, em julho de 1931, sugeriu que o governo deveria reduzir sua despesa em £97.000.000, incluindo benefícios de auxílio-desemprego na ordem de £67.000.000. MacDonald, e seu ministro da Economia, Philip Snowden, aceitaram o relatório, mas quando a matéria foi discutida pelo gabinete, a maioria votou contra às medidas sugeridas pelo comitê. Com esta derrota, MacDonald renunciou. Entretanto, o rei George V convenceu MacDonald a formar um novo governo de coalizão, desta vez contando com os Liberais e com os Conservadores. O "líder operário" governaria com os *tories*, seus inimigos históricos...

Iniciou-se, assim, o terceiro governo de MacDonald (1931-1935), bem mais à direita que os precedentes, na década de 1920. O Partido Trabalhista recusou-se a estabelecer uma coalizão com os conservadores; MacDonald, ainda assim, formou o novo gabinete com eles, um gabinete de "União Nacional", sendo expulso do Partido Trabalhista. A eleição geral de 1931 foi um desastre para o Partido Trabalhista, que elegeu somente 46 membros do parlamento. MacDonald, agora, teve à disposição 556 cadeiras, com a formação do governo de "união nacional", e não teve nenhuma dificuldade em perseguir as políticas antipopulares sugeridas pelo comitê do rei George V. Para conter a crise econômica houve mais cortes em salários e em programas de ajuda social, o imposto de renda foi aumentado. Desamparado por seu próprio partido, Mac Donald era agora um prisioneiro do partido conservador, e em 1935 foi facilmente excluído do poder. Sua carreira de símbolo do socialismo "democrático" chegava ao seu fim.

A situação econômica da Inglaterra tornou-se de extrema gravidade, mas a estrutura política do país estava excepcionalmente em atraso para com as mudanças que se produziam na base econômica. Antes de recorrer a novas formas e métodos políticos, todas as classes da nação inglesa ainda procuravam descobrir alguma coisa no velho celeiro, virar pelo avesso a roupa velha. Na Inglaterra, a despeito da terrível decadência nacional, não existia nenhum partido revolucionário importante nem, no seu antípoda, um partido fascista. Foi graças a isso que a classe dominante teve a possibilidade de mobilizar a maioria do povo, sob o estandarte "nacional". A Inglaterra passou por um prolongado período de demagogia radical, democrática, socialista e pacifista, que durou até a explosão da Segunda Guerra Mundial.

O mundo se encontrava em uma situação sem saída, e isso implicava em privações e sofrimentos cada vez maiores. Sob a tensão crescente da desintegração capitalista, os antagonismos imperialistas entram em um impasse, no final do qual os choques isolados e as convulsões sangrentas localizadas iriam se fundir em uma conflagração em escala mundial. A passagem das reivindicações imediatas para a luta pelo poder dependeria somente do ritmo de organização e preparação da classe operária; o proletariado enfrentava a perspectiva da barbárie, não uma etapa de crescimento capitalista. Esse grande período de crise não significava que o capitalismo estivesse "estacionado": "A tecnologia é agora infinitamente mais poderosa do que no final da guerra de 1914-1918", constatava Trotsky. Mas não podia encontrar a forma para aplicá-la à produção, nem mesmo de modo limitado, e as forças motrizes do sistema imperialista "assumem um caráter cada vez mais destrutivo". O ponto em que confluíam as necessidades objetivas do capitalismo, sua reorganização através da miséria e da guerra, e a situação histórica do movimento operário se resolviam negativamente, no momento, através da capitulação do stalinismo e da social-democracia. A burguesia, apesar de fragmentada, pôde manter a iniciativa e preparar sua saída para a crise mundial.

De pouco serviam, diante disso, os espetaculares êxitos econômicos da URSS. Tomando um índice 100 para 1929, a produção industrial de 1932 oscilava, nos principais países capitalistas, entre 50 e 90, enquanto na URSS atingia... 183 (embora nesse cálculo houvesse não pouco exagero burocrático). A burocracia stalinista condenava a URSS a um isolamento sem perspectiva, acentuando os efeitos da pressão imperialista, e desintegrando a planificação estatal: quanto mais o estado operário avançasse nesta forma de desenvolvimento, maiores seriam as tendências centrífugas. O palco fundamental onde seriam revolvidos esses conflitos era a luta de classes mundial. A Internacional Socialista, porém, além de muito enfraquecida em relação à sua "era de ouro", já estava plenamente integrada à ordem mundial do capital. E a Internacional Comunista (IC) tinha sido transformada em instrumento dócil da burocracia do Kremlin, pondo a "defesa da patria do socialismo" como sua bandeira fundamental. Com essa política e com sua burocratização organizacional era impossível organizar a luta mundial da classe operária para derrubar o capital em crise. A IC foi virando uma seita inoperante, apta só para cooptar alguns burocratas sindicais e alguns sub-intelectuais (os "amigos da URSS"), desejosos de mordomias e viagens gratuitas para a Meca "socialista", até ser dissolvida sem pena nem glória em 1943.

Na segunda metade da década de 1930, depois da vitória do fascismo na Itália (1923) e do nazismo na Alemanha (1933), as mobilizações dos trabalhadores se concentraram na França e na Espanha. A prova de forças decisiva teve por teatro a Espanha, na sangrenta Guerra Civil que deixou um milhão de mortos. A classe operária europeia, nas condições dramáticas da década, não conseguiu superar a social-democracia, nem a bancarrota da III Internacional, que se iniciara com a revolução chinesa de 1927-28, tomara forma com a claudicação do PC alemão em 1932-34, e se consolidou com a aliança com a aristocracia operária europeia, e destas com a "sombra" da burguesia, mediante as Frentes Populares e a cristalização do reformismo e do "etapismo" dos partidos comunistas, operada na década de 1930. A Internacional Comunista foi responsável direta pela desastrosa derrota na Alemanha: chegou a alegar oficialmente, antes de 1933, que a tomada do poder por Hitler seria só um passo em direção à revolução proletária (seria, portanto, "progressiva"...).

A Segunda Guerra Mundial, tanto quanto a Primeira, estava inscrita nas relações econômicas e políticas internacionais do periodo, mas, não era (como não o fora a própria Primeira) inevitável. Sua deflagração dependia de fatores politicos, em primeiro lugar da capacidade *política* das massas trabalhadoras de se oporem a ela, fazendo prevalecer a solidariedade internacionalista contra o nacionalismo bélico das classes dominantes de cada país. As direções políticas da classe operária, porém, fracassaram novamente (os núcleos revolucionários, como a IV Internacional, não conseguiram superar o estágio embrionário ou muito minoritário: seu legado politico ficaria como uma herança para o futuro).

Com a derrota (essencialmente *política*) da classe operária europeia (e norte-americana), a guerra mudial passou a definir as relações entre as grandes potências econômicas e militares. A rivalidade entre os impérios coloniais antigos e bem aquinhoados (Inglaterra e França) e os que chegaram atrasados à partilha do mundo (Alemanha, Itália, Japão) levava a uma nova partilha do mundo. Frente à agressividade do imperialismo alemão, que se rearmara poderosamente depois de sua derrota em 1918, as democracias europeias, primeiro a Inglaterra e depois a França, tinham julgado poder conjurar os perigos cedendo a cada exigência de Mussolini ou de Hitler. Desde 1935, Mussolini empreendeu a conquista da Etiópia, sob a indiferença das "democracias" europeias. O Japão já invadira e ocupara parte da China (em 1931). As bases, portanto, de um novo conflito mundial, já estavam lançadas. Ele seria o mais mortífero da história da humanidade.

A utilização à exaustão da receita keynesiana no segundo pós-guerra, com o financiamento do investimento e do consumo, provou não só seus limites, mas também ser um coveiro mais eficaz do capital do que o liberalismo *a outrance* de outrora. O desenvolvimento do chamado setor financeiro obedece à necessidade do capitalismo de superar sua contradição de base, que se produz incessantemente.

Opõe-se ao capital produtivo como um irmão siamês a outro... O desenvolvimento do sistema de crédito e os bancos; as sociedades acionárias e os mercados de valores; o desdobramento do capital em produtivo e financeiro; a centralização dos capitais e o sistema da dívida pública; o aparecimento do capital fictício; tudo isto obedece à necessidade do capital em seu conjunto de superar os limites que se opõem a sua reprodução indefinida: esses limites são, de um lado, o consumo pessoal relativamente limitado das massas frente a uma capacidade produtiva crescente; de outro lado, a estreiteza que representa a produção para o benefício privado frente à revolução constante da técnica e os procedimentos de produção (tendência ao descenso da taxa de lucro e à extinção da lei do valor). Em síntese, o limite do capital é o próprio capital.

O desenvolvimento financeiro facilita a passagem do capital de um ramo de produção sobre-expandido, ou não rentável, para outro em desenvolvimento, que oferece maiores benefícios; mobiliza com maior rapidez esses capitais; ajuda a superar dentro de seus próprios limites (ou seja, conciliar) a contradição entre a criação e a destruição de capitais (absorções); extingue os limites do consumo para além dos salários que paga à população trabalhadora; desenvolve uma acumulação própria de capital (fictícia) que atua como crédito *sui generis* tanto para a produção como para o consumo. Este desenvolvimento (parasitário, porque não cria valor) atua como fator contrarrestante da crise capitalista, até que se transforma no principal fator de sua irrupção. Isto ocorre quando a sobreacumulação de capital que não assume uma forma produtiva direta, e que se sobreacumulou para contrarrestar os limites impostos pela sobreacumulação do capital produtivo, alcança proporções incompatíveis com a mais-valia total que este último pode arrancar da força de trabalho. Percebe-se, então, que o capital financeiro, em suas diversas formas, se transformou em uma gigantesca hipoteca que impede a reprodução do capital em geral. Sua derrubada constitui, por isso mesmo, a etapa final de uma crise que já teve um largo processo de incubação, assim como a condição destrutiva para iniciar uma nova etapa de desenvolvimento histórico, sobre outras bases sociais.

A primeira grande depressão capitalista (1873-1896) foi superada através de uma agressão sem precedentes contra os povos e países coloniais, e contra a própria classe trabalhadora metropolitana. A segunda e maior depressão do capitalismo em escala mundial (1929-1939) foi superada através de uma conflagração bélica mundial que, provocando uma destruição sem precedentes das forças produtivas sociais, restaurou o precário equilíbrio para a acumulação de capital, na maior catástrofe experimentada pela civilização humana. Sessenta milhões de homens em armas, entre 45 e 50 milhões de mortes (a maioria na população civil) como resultado direto dos combates, ou 80 milhões de pessoas, se se contar também as que morreram por fome e doença, como resultado direto da guerra, oito vezes mais do que na Primeira Grande Guerra: ao todo, aproximadamente 4% da população mundial da época, e tudo em escassos seis anos. Os números da Segunda Guerra Mundial são, antes do mais, os da barbárie desenfreada.

Que outro seja nosso destino, que o estudo e assimilação das experiências passadas seja-nos útil para que os horrores do passado fiquem, também, no passado. E para que a crise atual seja superada, não pela barbárie bélica ou colonial, mas pela emergência de uma nova sociedade, baseada na propriedade social, no poder dos trabalhadores e na solidariedade dos povos de todo o mundo.

REFERÊNCIAS BIBLIOGRÁFICAS

1929 and all that. *The Economist*. Londres, 4 de outubro de 2008.

ABENDROTH, Wolfgang. *História social do movimento trabalhista europeu*. Rio de Janeiro: Paz e Terra, 1977.

ACOSTA SÁNCHEZ, José. *El imperialismo capitalista*. Barcelona: Blume, 1977.

ALDCROFT, Derek H. *De Versalles a Wall Street (1919-1929)*. Barcelona,:Folio, 1997.

_____,Derek H. *The Inter-War Economy: Britain 1919-1939*. London: B.T. Batsford, 1970.

ALTVATER, Elmar. "1929: o debate marxista sobre a crise econômica" In: HOBSBAWN, Eric J. *História do marxismo*, Rio de Janeiro: Paz e Terra, 1982, vol. X.

ASHWORTH, William. *An economic history of England 1870-1939*. Londres, Methuen & Co., 1982.

_____, William; *Breve storia dell'economia mondiale*. Dal 1850 ad oggi. Roma-Bari: Laterza, 1976.

BARUCCI, Piero. *Adam Smith e la nascita della scienza economica*. Florença: Sansoni, 1977.

BEAUD, Michel. *Histoire du capitalisme*. Paris: Seuil, 1981.

BERNANKE, Ben S. "The macroeconomics of the Great Depression: a comparative approach". *Journal of Money, Credit and Banking*. Nova York, fevereiro de 1995.

BERNSTEIN, Eduard. *Socialismo teórico y socialismo práctico*. Buenos Aires: Claridad, 1966.

BERNSTEIN, Michael. *The Great Depression*. Cambridge, Cambridge University Press, 1988.

BERNSTEIN, Peter. *The power of gold*. The history of an obsession. Nova York: John Willey & Sons, 2000.

BLEANEY, Michael. *The rise and fall of keynesian economics*. Londres: Macmillan, 1985.

BOUVIER, Jean. "As crises econômicas". In: Jacques Le Goff e Pierre Nora. *História: Novas Abordagens*. Rio de Janeiro: Francisco Alves, 1988.

BRUNSCHWIG, Henri. *A partilha da África Negra*. São Paulo: Perspectiva, 1974.

BRUSCHINI VINCENZINI, Loretta. *Storia della Borsa*. Roma: Newton & Compton, 1998.

BUKHARIN, Nikolai. *Economia política del rentista*. Barcelona: Laia, 1974.

_____, Nikolai. *L'impérialisme et l'économie mondiale*. Paris: Anthropos, 1970.

CAMERON, Rondo. *Storia economica del mondo*. Bolonha: Il Mulino, 1993.

CARLO, Antonio. "The Crisis of the State in the Thirties". *Telos* n° 46, Nova York, inverno 1980.

CARVALHO DE MELLO, Pedro, e SPOLADOR, Humberto F. *Crises Financeiras*. Uma história de quebras, pânicos e especulações de mercado. São Paulo: Saint Paul, 2007.

CATALANO, Franco. *La grande crisi del 1929*. Conseguenze politiche ed economiche. Varese: Dall'Oglio, 1976.

CHASE, Stuart. *A New Deal*. Nova York: Swain, 1932.

_____, Stuart. *Prosperity: fact or myth*. Nova York: Boni, 1929.

CIOCCA, Pierluigi. *Crisis económicas: el Siglo XX*. Barcelona: Oikos-Tau, 1988.

CLAUDE, Henri. *De la crise économique a la Guerre Mondiale*. Paris: OCIA, 1945.

COGGIOLA, Osvaldo. *História e economia: Questões*. São Paulo: Humanitas, 2003.

_____, Osvaldo. *O capital contra a História*. São Paulo: Xamã-Pulsar, 2002.

COHEN, David. *Greed and panic*. The psychology of the stock market. Nova York: John Willey & Sons, 2001.

DAVIS, Mike. *Holocaustos coloniais*. Clima, fome e imperialismo na formação do Terceiro Mundo. Rio de Janeiro: Record, 2002.

DAY, Richard B. "La teoria del ciclo prolongado de Kondratiev, Trotsky e Mandel". *Criticas de la Economia Politica*, México, El Caballito, (4), fevereiro de 1982.

DE CECCO, Marcello. *Economia e finanza internazionale del 1890 al 1914*. Bari: Laterza, 1971.

_____, Marcello. *The international gold standard*. Money and empire. Londres: Francis Pinter, 1984.

DEARING, Charles *et al*. *ABC of the NRA*. Washington: Brookings Institution, 1934.

DELVIGNE, Isi. *La crise mondiale*. Bruxelas: L'Eglantine, 1931.

DOBB, Maurice. *A evolução do capitalismo*. Rio de Janeiro: Zahar, 1976.

DUMENIL, Gérard. *Marx et Keynes face à la crise*. Paris: Economica, 1977.

EATON, John. *Marx contra Keynes*. Rio de Janeiro: Fundo de Cultura, 1958.

EICHENGREEN, Barry; HATTON, Thomas. *Interwar unemployment in international perspective*. Londres: Kluwer, 1988.

FERGUSON, Niall. *A lógica do dinheiro*. Riqueza e poder no mundo moderno 1700-2000. Rio de Janeiro: Record, 2007.

FIELDHOUSE, David K. *Politica ed economia del colonialismo (1870-1945)*. Roma-Bari: Laterza, 1979.

FLAMANT, Maurice. *Les fluctuations économiques*, Paris: Presses Universitaires de France, 1986.

FOREMAN-PECK, James. *Historia de la economía mundial*. Las relaciones económicas internacionales desde 1850. Barcelona: Ariel, 1985.

FRIED, Ferdinand. *La fin du capitalisme*. Paris: Grasset, 1931.

FRIEDMAN, Milton. *A monetary history of the United States 1867-1960*. Princeton: Princeton University Press, 1963.

_____, Milton. *Episódios de história monetária*. Rio de Janeiro: Record, 1994.

GALBRAITH, John Kenneth. *A short history of financial euphoria*. Londres: Penguin Books, 1990.

_____, John Kenneth. *La crise économique de 1929*. Paris: Payot, 1981.

GALIMBERTI, Fabrizio. *Economia e pazzia*. Crise finanziarie di ieri e di oggi. Bari: Laterza, 2003.

GARSIDE, W. R. (ed.). *Capitalism in crisis*. International responses to the Great Depression. Londres: Pinter Publishers, 1993.

GARVY, George. "Los ciclos largos de Kondratiev". In: *Las ondas largas de la economia*. Madri: Revista de Occidente, 1946.

GIANNETTI, Renato. *Crisis económicas: el siglo XIX*. Barcelona: Oikos-Tau, 1988.

GILLMAN, Joseph. *La baisse du taux de profit*. Paris: Éditions Documentation Internationale, 1980.

GOLDSTEIN, Joshua S. *Long cycles*. Prosperity and war in the Modern Age. New Haven: Yale University Press, 1988.

GORDON, David M. et al. "Ondas largas y etapas del capitalismo". In: *Trabajo segmentado, trabajadores divididos*. Madri: Ministerio de Trabajo y Seguridad Social, 1986.

GOUREVITCH, Peter. *La politica in tempi difficili*. Il governo delle crise economiche 1870-1980. Venezia: Marsilio Editore, 1991.

GRAMSCI, Antonio. *Scritti politici*. Roma: Riuniti, 1973.

GUÉRIN, Daniel. *Movimiento obrero norteamericano (1900-1950)*. Buenos Aires: CEAL, 1974.

HARRIS, Seymour E. *Postwar economic problems*. Nova York: McGraw-Hill, 1943.

HILFERDING, Rudolph. *O capital financeiro*. São Paulo: Abril Cultural, 1983.

HOBSBAWM, Eric J. *A era do capital (1848-1875)*. Rio de Janeiro: Paz e Terra, 1996.

_____, *A era dos impérios (1875-1914)*. Rio de Janeiro: Paz e Terra, 1988.

_____, *Era dos extremos*. O breve século XX 1914-1991. São Paulo: Companhia das Letras, 1995.

HOBSON, John A. *A evolução do capitalismo moderno*. São Paulo: Abril Cultural, 1983.

_____, *L'imperialismo*. Roma: Newton & Compton, 1996.

JAY, Peter. *A riqueza do homem*. Uma história econômica. Rio de Janeiro: Record, 2002.

KAUTSKY, Karl. *La doctrina socialista*. Buenos Aires: Claridad, 1966.

_____, *Teorie delle crise*. Florença: Guaraldi, 1976.

KEMP, Tom. *Teorie dell'imperialismo*. Torino: Einaudi, 1969.

KENWOOD, A. G., e LOUGHEED, A. L. *Historia del desarrollo económico internacional*. Madri: Istmo, 1973.

KEYNES, John Maynard. *Las consecuencias económicas de la paz*. Barcelona: Folio, 1997.

_____, John Maynard. *The general theory of employment, interest, and money*. Nova York: Harcourt, Brace, 1964.

KINDLEBERGER, Charles P. *Manias, panics and crashes*. A history of financial crises. Nova York: Palgrave, 2005.

_____, Charles P. *The world in depression (1929-1939)*. Berkeley: University of Califomia Press, 1973.

KIRSCH, Benjamin S. *The national industrial recovery act*. Nova York: Central Book, 1933.

KONDRATIEV, Nicolai. "Las ondas largas de la coyuntura". In: *Las ondas largas de la economia*. Madri: Revista de Occidente, 1946.

KOTZ, David M. "Long waves and the social structure of accumulation". *Review of Radical Political Economics*, Nova York, 19 (4), 1983.

KRUGMAN, Paul. *Crises monetárias*. São Paulo: Makron Books, 2000.

LABROUSSE, Ernest. *Fluctuaciones económicas e historia social*. Madri: Tecnos, 1962.

LACOUT, Georges. *Le Franc devant la crise*. Paris: Payot, 1934.

LANDES, David S. *Prometeu desacorrentado*. Transformação tecnológica e desenvolvimento industrial na Europa ocidental, de 1750 até os dias de hoje. Rio de Janeiro, Elsevier, 2005.

LENIN, Vladimir I. *El imperialismo, etapa superior del capitalismo*. Buenos Aires: Anteo, 1973.

LESCURE, Jean. *Des crises générales et périodiques de surproduction*. Paris: Sirey, 1923.

LEWINSOHN, Richard. *Historia de la crisis 1929-1934*. Madri: Aguilar, 1935.

LEWIS, W. Arthur. *Economic survey 1919-1939*. Philadelphia: Blakinston, 1950.

LUXEMBURGO, Rosa. *A acumulação de capital*. São Paulo: Abril Cultural, 1984.

MADDISON, Angus. *Dos crisis: América y Asia (1929-1938 y 1973-1983)*. México: Fondo de Cultura Económica, 1988.

_____, Angus; *Phases of capitalist development*. Nova York: Oxford University Press, 1982.

MARCEL, Bruno, e TAÏEB, Jacques. *Crises d'hier, crise d'aujourd'hui*. Paris: Nathan, 1997.

MARRAMAO, Giacomo. *O político e as transformações*. Crítica do capitalismo e ideologias da crise entre os anos vinte e trinta. Belo Horizonte: Oficina de Livros, 1990.

Marx, Karl. *O Capital*. Rio de Janeiro: Civilização Brasileira, 1981.

_____, Karl; ENGELS, Friedrich. *La crise*. Paris: Union Générale d'Éditions, 1978.

_____, Karl; _____, Friedrich. *Textos*. São Paulo: Alfa-Ômega, 1982, vol. 3.

Mattick, Paul. *Crisis & teoria de la crisis*. Barcelona: Península, 1977.

Mauro, Frédéric. *História econômica mundial 1790-1970*. Rio de Janeiro: Zahar, 1976.

Mayer, Arno J. *A força da tradição*. São Paulo: Companhia das Letras, 1993.

Michie, R. C. *The London and New York Stock Exchanges 1850-1914*. Londres: Allen & Unwin, 1987.

Milward, Alan S. *La Segunda Guerra Mundial 1939-1945*. Historia económica mundial. Barcelona: Crítica, 1986.

Mitchell, Wesley C. *Os ciclos econômicos e suas causas*. São Paulo: Abril Culturl, 1984.

Moral Santin, José A., e Raimond, Henry. *La acumulación del capital y sus crisis*. Madri: Akal, 1986.

Néré, Jacques. *La Crise de 1929*. Paris: Armand Colin, 1973.

Niveau, Maurice. *História dos fatos econômicos contemporâneos*. São Paulo: DIFEL, 1969

Pietranera, Giulio. *Il capitalismo monopolistico finanziario*, Napoli: La Città del Sole, 1998.

Preis, Art. *Labor's giant step*. Twenty years of the CIO. Nova York: Pathfinder Press, 1982.

ROLFE, Sidney E., e BURTLE, James L. *O sistema monetário mundial*. Rio de Janeiro: Zahar, 1981.

ROMER, Christina D. "The great crash and the onset of the Great Depression". *Working Paper* n° 2639, National Bureau of Economic Research, junho 1988.

RONCAYOLO, Marcel. *Le monde contemporain*. Paris: Robert Laffont, 1990.

ROOSEVELT, Franklin D. *Looking forward*. Nova York: John Day, 1933.

ROSIER, Bernard. *Les théories des crises économiques*. Paris: La Découverte, 1988.

SALTER, Stephen, e STEVENSON, John. *The working class and politics in Europe and America (1929-1945)*. Londres: Longman, 1990.

SANTI, Paolo et al. *Teoría marxista del imperialismo*. México: Pasado y Presente, 1977.

SCHUMPETER, Joseph A. "The decade of the Twenties". *American Economic Review* 36(1), Nova York: 1946.

_____, Joseph A. "The analysis of economic change". In: *Readings in Business Cycle Theory*. Philadelphia, 1945.

_____, Joseph A. *Business cycles*. Nova York: McGraw-Hill, 1946.

SIEGFRIED, André. *La crise britannique au XXè Siècle*. Paris: Armand Colin, 1931.

SKLAR, Martin J. *Studies in US history in the progressive era and the 1920s*. Cambridge: Cambridge University Press, 1992.

STERN, Randolph *et al*. *El concepto de crisis*. Buenos Aires: Megápolis, 1979.

STERNBERG, Fritz. *El imperialismo.* México: Siglo XXI, 1979.
STEWART, Michael. *Keynes.* Paris: Seuil-Points, 1978.
STRACHEY, John. *El capitalismo contemporáneo.* México: Fondo de Cultura Económica, 1960.
SWEEZY, Paul M. *Teoria do desenvolvimento capitalista.* Rio de Janeiro: Zahar, 1973.
TEMIN, Peter. *Did monetary forces cause the great depression?* Nova York: W. W. Norton, 1976.
_____, Peter. *Lessons from the Great Depression.* Cambridge: The MIT Press, 1999.
TROTSKY, Leon. *O imperialismo e a crise da economia mundial.* Textos sobre a crise de 1929. São Paulo: Sundermann, 2008.
_____, Leon. *Revolução e Contra-Revolução na Alemanha.* São Paulo: Ciências Humanas, 1979.
TUGAN-BARANOWSKY, Mikhail. *Les crises industrielles en Angleterre.* Paris: Giard, 1913.
URIZ, Ignacio Martin. *Crisis económicas del siglo XX.* Barcelona: Salvat, 1985.
VARGA, Eugène. *La crise.* Économique, sociale, politique. Paris: Éditions Sociales, 1976 (1° edição: 1935).
VIDAL VILLA, J. M. *Teorías del imperialismo.* Barcelona: Anagrama, 1976.
VILAR, Pierre. *Ouro e moeda na história.* Rio de Janeiro: Paz e Terra, 1981.
WAGEMANN, Ernest. *Estructura y ritmo de la economía mundial.* Madri: Labor, 1937.
WARSHOW, Robert I. *Wall Street.* Paris: Payot, 1930.

WEE, Herman van der. *The Great Depression revisited*. Haia: Martinus Nijhoff, 1972.

WHEELER, Mark. *The economics of the Great Depression*. Slp: W. E. Upjohn Institute for Employement Research, 1998.

WOOD, Clement. *Herbert Clark Hoover: an American tragedy*. Nova York: Swain, 1932.

Este livro foi impresso na primavera de 2009 na
gráfica Vida & Consciência.